JOËLLE CHABERT
FRANÇOIS MOURVILLIER

D1151485

Parler de Dieu avec les enfants

C'est-à-dire
Centurion

Joëlle Chabert, journaliste, a été, pendant douze ans, chargée des pages religieuses du journal *Pomme d'Api* (Bayard-Presse Jeune).

François Mourvillier, prêtre, est conseiller en pédagogie religieuse à Bayard-Presse Jeune.

Nihil obstat, Paris, le 30 juillet 1990, Michel Dupuy
Imprimatur, Paris, le 30 juillet 1990, Maurice Vidal, v.é.

ISBN 2 227 362 28-X
© Éditions du Centurion, 1990
22, cours Albert-Ier, 75008 Paris

AVANT-PROPOS

Les questions des petits embarrassent souvent les grands ! Surtout que tout le monde s'interdit maintenant de s'en tirer par un : « Tu es trop petit pour comprendre. » Et chacun s'efforce de dire tout ce qu'il sait ou croit savoir sur la lune et les étoiles, les moteurs et les ordinateurs, la naissance des bébés et le big-bang des origines de notre univers… Mais quand les questions portent sur Dieu, les anges ou le ciel, sur les malheurs subis ou les méchancetés commises, il n'en va plus de même. Par crainte de réponses trop « courtes » (eu égard à la difficulté de la question) ou par souci d'honnêteté envers Dieu ou eux-mêmes (eu égard à leur itinéraire religieux), beaucoup deviennent muets, et malheureux de ce silence. C'est pour eux que nous avons écrit ce livre, pour les encourager à oser s'engager dans la discussion de ces « grandes questions des tout-petits ». Et nous espérons qu'ils auront le plaisir de découvrir, comme nous, que les questions des petits sont une chance pour les grands !

Jeunes parents, grands-parents, parrains ou marraines qui ouvrez ce livre, « vos » petits n'ont pas posé ou ne poseront pas tous ces *25 questions* et peuvent vous en poser bien d'autres. Nous avons retenu celles-là – qui sont toutes authentiques – parce qu'elles nous permettaient d'aborder ce que nous pensons être les points clefs du message chrétien, comme l'indiquent les sous-titres où nous n'avons pas craint d'employer des termes théologiques : Incarnation, Trinité, etc.

Les jeunes enfants ont besoin de réponses simples, courtes, progressives, complétées au fur et à mesure du retour des mêmes questions. Alors pourquoi avoir composé de si longs chapitres ? Parce que les questions enfantines ne sont jamais puériles : il faut, avant de répondre, deviner la portée réelle de la question ; ce qui explique nos notations psychologiques. Parce que des réponses simples ne sauraient être simplistes et parce que les enfants ont besoin de réponses aussi justes que possible ; nombre d'adultes n'étouffent-ils pas les questions fondamentales que la vie leur suggère, parce qu'ils ont eu, enfants, le sentiment que leurs questions n'avaient pas reçu de réponses sérieuses ? Or, donner une réponse « juste » – c'est-à-dire, dans notre domaine, fidèle à la foi commune des chrétiens – suppose un minimum de savoirs. Cela explique les détours – que les uns jugeront trop longs et d'autres trop courts – par quelques données historiques et par la présentation de textes bibliques.

Mais il ne s'agit pas pour autant d'une encyclopédie de la foi à transmettre aux moins-de-huit-ans ! Ce livre s'adresse aux adultes questionnés, à la fois interrogés et s'interrogeant. Nous l'avons conçu comme une « boîte à outils » où puiser des éléments nécessaires pour « bricoler » son propre produit. À la fin de certains chapitres, quelques paragraphes sont écrits comme s'ils s'adressaient à un enfant ; mais ce n'est pas « la » réponse à faire forcément telle quelle au vôtre. Chacun a toujours à créer sa propre réponse, en puisant dans l'ensemble ce qu'il juge utile et adaptable à tel enfant, à tel moment, et compte tenu de leur mode de relation. Chacun y ajoutera d'autres éléments en fonction de sa sensibilité et de son expérience spirituelle. Nous n'avons pas voulu livrer les outils en vrac ; nous avons organisé les données pour que le livre soit lisible pour lui-même. Mais il est possible de lire chaque chapitre indépendamment des autres, en fonction du besoin ou de l'intérêt du moment.

Osez donc *parler de Dieu avec les enfants*. Ne craignez pas que vos réponses suscitent de nouvelles questions. C'est le dynamisme et l'intérêt de la vie que de poser question. Et c'est le plus sûr moyen d'entendre un jour les réponses inattendues des enfants à nos questions d'adultes, ces réponses merveilleuses des petits qui font grandir les grands ! Et vous pourrez alors partager la joie de Jésus quand « il exulta sous l'action de l'Esprit Saint et dit : Je te loue, Père, Seigneur du ciel et de la terre, d'avoir caché cela aux sages et aux savants et de l'avoir révélé aux tout-petits ».

I

Dieu existe vraiment ?
Le Dieu des philosophes et le Dieu de Jésus

Quand elle nous tombe dessus, cette « maudite question éternelle », on est pris de vertiges car, plus qu'une simple interrogation « au sommet », c'est comme une cascade qui nous entraîne de rebonds en rebonds.

D'abord, croyant ou incroyant, que celui qui n'a vraiment jamais eu de doutes sur sa réponse fasse donc le premier saut. Et puis même lorsqu'on croit que Dieu existe, que signifie au juste « exister » pour Dieu ? Et s'il existe, qui est-il ? Et d'ailleurs ce mot même, « Dieu » , que recouvre-t-il ?
Cette question, souvent, nous l'avions bien rangée pour qu'elle cesse de nous déranger ! Alors, pourquoi vient-elle aux enfants et comment ?

*Des métaphysiciennes et des métaphysiciens
en culottes courtes*

Il semble que les plus jeunes enfants mélangent facilement monde réel et monde imaginaire. Puis, en grandissant, ils font effort pour s'approprier la réalité. Peu à peu, ils observent, expérimentent, discernent une logique des choses. Ils sont heureux de nommer les objets, de compter, de repérer les liens entre les gens : « Papi, c'est le papa de mon papa ; ma tante, c'est la maman de mon cousin et c'est la grande sœur de mon papa. »

Or, en même temps, ils découvrent que le réel n'est pas uniquement dans ce qu'on perçoit immédiatement, ce qui est « sensible » . Ils font l'expérience de l'amour, de la vie, mais ils ne les voient pas. Ils exercent leur intelligence et leur pensée mais sans savoir ce qu'elles sont. Les petites joies ponctuelles leur donnent le goût d'un bonheur insaisissable. Ils se découvrent mystérieux.

Ainsi, les enfants apprennent qu'il y a des réalités invisibles. Et ils s'engagent sur un trajet qui les conduit de l'imaginaire au mystérieux, du mythe au mystère. Et c'est précisément là que se tient Dieu. Dieu n'est pas tangible, mais il est peut-être le plus réel.
Les enfants qui se demandent si Dieu existe vraiment commencent simplement à découvrir le mystère.

Une question qui dure

Ceux qui étudient la longue histoire de l'espèce humaine semblent d'accord pour nommer « humain »   le premier « être » qui a enterré ses morts. A leurs yeux, il manifestait ainsi son souci de ce qui pouvait se passer après la mort, son souci d'un lien entre le monde visible et un possible monde invisible. Si cela est vrai, la question de Dieu n'est pas nouvelle ! Et elle a laissé des traces dans nos paysages : peintures rupestres, menhirs, hauts-lieux sacrés de Mésopotamie, statues de l'île de Pâques, ruines de Delphes, de Machu Picchu, de Palmyre ou de Rome, temples de Louksor ou d'Angkor, mur des Lamentations à Jérusalem, églises romanes et chapelles contemporaines, mosquées d'Istanbul ou de banlieues parisiennes.

Des religions ont disparu : celles des Égyptiens, des Grecs, des Romains, des précolombiens. D'autres sont nées tardivement, comme l'islam. Mais, de tout temps, la question de Dieu a été posée.

Les dieux semblent d'abord avoir beaucoup servi à cacher les ignorances. On appelait dieu ce qu'on ne savait pas expliquer, la foudre ou le retour du printemps. Mais, même si c'est par ignorance, n'y a-t-il pas là le témoignage d'une dimension spirituelle des humains à la recherche de ce qui les fait être ? Peu à peu, l'intelligence et la raison ont fait gagner du terrain à la connaissance, conquis sur celui des dieux.

Depuis la cassure qui s'est produite entre science et religion avec Galilée, le rôle de Dieu n'est plus ce qu'il était. Avec la période moderne et les bonds prodigieux des sciences, Dieu n'est plus au-dessus de tout soupçon. Certains, qui ne trouvaient pas acceptable l'idée d'un Dieu qui se fait homme, ont conservé à Dieu le rôle de l'horloger de Voltaire, un ingénieur au quotient intellectuel exceptionnel qui aurait imaginé, réalisé l'univers et assuré le service après-vente.

Mais même ce Dieu-là est récusé par ceux qui disent : « Rien ne prouve que l'univers ne soit pas né d'une nécessité interne ou même par hasard. » Car si on accepte que Dieu n'ait pas de cause, pourquoi ne pas accepter que l'univers n'en ait pas non plus ?

Ainsi, des penseurs des deux derniers siècles ont peu à peu « démonté » Dieu. Même sans les avoir lus, tout le monde a entendu parler de Nietzsche, Marx ou Freud. Pour Nietzsche, l'être humain peut devenir un surhomme et Dieu n'est qu'une invention de faibles, vaincus par la vie, comme une excuse. De Marx, on retient que « la religion est l'opium du peuple », qui fait rêver les pauvres à un paradis situé ailleurs. Freud laisse entendre que c'est une espèce d'énorme nostalgie de notre enfance, un immense besoin d'être consolés des déceptions que nous infligent les limites de notre père humain, qui nous fait inventer un Dieu père, juste, bon, tout-puissant et protecteur.
Albert Camus affirme que « tuer Dieu c'est devenir soi-même » et quiconque a entendu parler d'une pièce de théâtre ou d'un livre de Jean-Paul Sartre sait que « si Dieu existe, l'homme est néant ».

Ces réflexions philosophiques sont pleines d'intérêt et riches d'enseignements. Elles nous apprennent beaucoup sur nous-mêmes. Elles nous obligent à être lucides et à reconnaître la part des choses troubles et obscures qu'il y a dans notre foi. Il n'y a pas de foi chimiquement pure ! Mais s'il existe, Dieu n'a rien à craindre de nos vérités humaines et il n'est pas étranger aux hommes réels ! Elles nous découvrent aussi ce que Dieu n'est pas : explication de nos ignorances, bouche-trou de nos insuffisances, nécessité dont nous ne pouvons nous passer pour exister.

Mais aucune ne prouve l'inexistence de Dieu.

A ce stade, beaucoup de gens estiment ne pas pouvoir aller plus loin. Ce sont les « agnostiques » . Pour eux, de Dieu on ne peut rien dire, on ne peut rien connaître. Ils refusent donc de se prononcer.

Pourtant, il reste des croyants et même des croyants philosophes. D'où leur vient leur foi ? Et si la trace de l'existence de Dieu était dans le fait même que nous nous posons la question ?

Le pas de Dieu

« Dieu » : nom commun qui a l'étrange particularité d'exister dans toutes les langues, alors qu'il ne correspond à aucune réalité identifiable et qu'il ne dit rien de ce qu'il représente. « Dieu » vient du latin *deus,* lui-même apparenté à une racine indo-européenne désignant la lumière du jour, qu'on retrouve aussi dans le mot *dies* (« jour » en latin) et le nom « Zeus ». Selon le dictionnaire, Dieu est un être éternel, créateur et maître de l'univers. La définition n'est pas claire. Dieu, s'il est Dieu, n'est pas définissable.

Pour découvrir Dieu, peut-être faut-il se situer autrement, se déplacer, se décentrer de soi-même. Croire en Dieu comme les juifs, les musulmans et les chrétiens, c'est en effet recevoir une révélation ; ne plus être maître de sa pensée mais accepter un Dieu qui se manifeste, se révèle autre que l'idée qu'on pouvait se faire de lui. Il y a ouverture de l'intelligence, de la volonté et du cœur à un Dieu inattendu, inconcevable, peut-être incroyable ! Au départ de l'histoire des croyants, il y a ce pas de Dieu.

Pour exprimer cela, les anciens ont utilisé les expériences les plus riches de leur vie sociale. D'abord l'alliance, contrat scellé dans le sang, qui fait que les deux contractants sont « du même sang », relation de vérité, d'intimité et de confiance entre deux personnes. Ou encore la promesse, histoire de confiance aussi, histoire à suivre car c'est un commencement qui donne à espérer. C'est toute l'histoire d'Abraham, ce chef nomade qui, un jour, entend l'appel de Dieu : « Pars, va vers le pays que je te montrerai. » Cette saga sacrée que l'on trouve dans la Bible au Livre de la Genèse à partir du chapitre 12, c'est la réflexion d'un peuple qui témoigne que, depuis ses origines, Dieu est avec lui. Il s'agit moins de connaître Dieu que de le reconnaître.

Dieu sur la paille

Les chrétiens croient que Dieu s'est fait homme en Jésus, qu'il est né d'une femme sur la paille d'une crèche et qu'il est passé par la mort comme n'importe quel humain. Ils croient que Jésus Christ est le Fils de Dieu. Et voilà qu'en tant que fils, celui-ci nous apprend qu'on peut donner un nom à Dieu : notre Père.

Or, quiconque est père ou mère sait par expérience deux ou trois choses :

• Quand un enfant entre dans notre vie, il n'en sort plus. On est son parent pour toujours. Un père, une mère ne peuvent qu'être fidèles durablement. Si Dieu est père, il est fidèle.

• Être parent, c'est faire l'expérience d'une douloureuse impuissance. On ne peut éviter à ses enfants les petits chagrins ni les grands malheurs de la vie. On les veut heureux et on ne peut que souffrir de leur souffrance. Un Dieu père doit probablement être démuni de pouvoir d'intervention. Sans doute ne peut-il pas nous empêcher d'être fragiles, d'échouer, d'avoir peur, d'avoir mal. D'ailleurs, lors de sa Passion, quand Jésus l'appelle « Père, papa », Dieu se tait, le laissant vivre sa mort.

Ainsi, le Dieu de Jésus ne correspond pas vraiment au Dieu dont nous rêvons. C'est presque décevant. On croit Dieu tout-puissant et glorieux ; il se révèle humble, sa puissance étant d'aimer.
Pas étonnant qu'on ait du mal à y croire !

Ah ! Si je pouvais voir Dieu !

N'est-ce pas là le souhait des enfants, caché derrière leur question sur l'existence de Dieu ?

Voici plusieurs « pistes » possibles pour leur répondre :

• La question que tu poses montre que tu n'es pas prêt à gober n'importe quoi. Pour croire vraiment en Dieu, il faut un jour poser cette question. Si tu attends une réponse, si tu désires connaître quelque chose de

Dieu, c'est peut-être parce que tu as déjà deviné comme une présence, un peu comme des paroles à demi-mot ou des gestes délicats révèlent un ami.

• Il semble qu'on ne peut pas prouver que Dieu existe ni qu'il n'existe pas. Je connais des gens qui pensent que c'est idiot de croire en Dieu et d'autres que Dieu est le héros d'un conte comme le prince charmant. Quand on croit en Dieu, on n'est ni plus bête, ni plus malin que quand on n'y croit pas. Des gens très intelligents croient en Dieu et il faut bien les écouter. D'autres, tout aussi intelligents et savants, sont sûrs que Dieu n'existe pas et il faut prendre très au sérieux leurs bonnes raisons de ne pas croire. Je pense qu'ils sont rares, les croyants qui n'ont pas de doute et les incroyants complètement tranquilles.

• Certains affirment : « J'ai rencontré Dieu. » Ils ont eu une émotion très forte qui les a tout retournés et, ensuite, ils n'ont plus jamais été les mêmes. Mais il y a aussi des gens qui croient sans faire cette expérience.

• Quant à moi, je crois que Dieu existe et qu'il est comme Jésus le dit. Dieu est étonnant et on apprend à le connaître en le fréquentant, comme tout le monde. Écoute cette histoire écrite par des croyants il y a très longtemps. Elle a deux héros : Dieu et Moïse, un berger qui demande à Dieu comment il s'appelle.

Un jour, Moïse emmena paître les moutons de Jethro au mont Horeb, appelé « montagne de Dieu ». Une flamme jaillit d'un buisson mais le buisson ne brûlait pas. S'approchant, Moïse entendit un appel : « Moïse, je suis le Dieu de tes pères. » Moïse eut peur de regarder Dieu en face. Dieu dit : « J'ai vu la misère de mon peuple, je l'ai entendu crier sous les coups. Je veux le délivrer. Va ! Je t'envoie faire sortir d'Égypte les tribus d'Israël. » Moïse l'arrêta : « Pourquoi moi ? » Dieu insista : « Je suis avec toi. » Moïse hésitait : « Bon, j'annonce aux chefs des tribus : le Dieu de vos pères m'envoie vers vous. Ils vont me demander ton nom. » Dieu dit : « Je suis. Tu diras : "je suis" m'a envoyé. C'est mon nom. »

« Je suis. » C'est un nom mystérieux ! Cela peut vouloir dire : « J'existe » ; cela peut vouloir dire : « Je suis celui qui fait exister, celui qui fait vivre » ; ou bien encore : « Je suis qui je suis » , celui qui est si mystérieux qu'on ne peut pas lui trouver un nom ; ou bien aussi, et c'est ma réponse préférée : « Je suis qui je serai », vous verrez bien qui je suis, en vivant avec moi, en voyant ce que je ferai pour vous. Un peu comme quand tu demandes : « Comment ça sera ? » et que je réponds : « Viens, tu verras ! »

Je suis plus vieille que toi, j'ai un peu vu. Ce que je crois, c'est que Dieu ressemble à Jésus comme un père ressemble à son fils. C'est une des raisons pour lesquelles je ne me lasse pas de lire les histoires de Jésus dans la Bible et de te les raconter : Jésus bébé, quand il naît comme un pauvre dans la paille, Jésus adulte quand il vit avec toutes sortes de gens pas forcément bien vus ; Jésus qui meurt et aussi Jésus vivant après sa mort.

Jésus nous éclaire sur Dieu, mais Dieu reste en partie dans l'ombre. La pleine lumière éblouit. Ce qui reste dans l'ombre est caché. Mais l'ombre et la lumière emmêlées révèlent l'épaisseur de ce qui existe.

II

Et Dieu, qui l'a inventé ?
Au carrefour de l'expérience et de la révélation

Stéphanie met un pull neuf. Sa grand-mère l'a tricoté après que Stéphanie en a choisi la couleur dans le magasin de laine. Les pelotes venaient de la filature et, avant, il y avait eu des moutons. Stéphanie a demandé : « Et les moutons, d'où ils viennent ? Qui les a inventés ? » Sa grand-mère a cru bien faire en expliquant que les moutons comme tous les animaux, les fleurs et les plantes, le soleil, la lune et les gens qui inventent de belles choses, tout ce qui existe vient de Dieu. La grand-mère a placé Dieu au commencement de tout ce qui existe. Alors Stéphanie se demande comment Dieu a commencé. Elle continue naturellement à remonter la chaîne : « D'où vient Dieu ? Lui, qui est-ce qui l'a inventé ? »

Il y a des raisons que la raison ne connaît pas

Tant qu'ils sont tout petits, les enfants vivent et voient les événements comme une suite de scènes qui leur tombent dessus sans qu'ils puissent établir de relations entre elles. Puis, peu à peu, ils découvrent que leurs actions ont des conséquences : certaines sont approuvées, d'autres, au contraire, réprimandées. Il y a donc des liens de causes à effets.

Les enfants cherchent à comprendre comment les choses s'enchaînent. Ils observent. Ils demandent « pourquoi » telle chose se passe comme ça et attendent des « parce que ». Ils font des expériences concrètes avec des intentions bien arrêtées puis calculent sérieusement comment parvenir au résultat escompté. Julie a l'intention de faire des pâtés, elle prévoit d'emporter son seau et sa pelle au bac à sable. Paul a l'intention d'offrir des radis à sa mère pour son anniversaire, il achète des graines, les plante et pense à les arroser. Marc a l'intention de faire du mal à Laure, il s'arrange pour lui faire un croche-pied au bon moment et provoque, comme prévu, une jolie chute et une belle écorchure. Fanny a très bien compris que si tout le monde jetait comme elle ses papiers de bonbons par terre, la nature ne serait pas très belle...

Ainsi, dans l'intelligence, se mettent en place des liens logiques : avant / après — pourquoi / parce que — pour quoi / pour que. Ainsi, on devient moins dépendant des événements, on maîtrise mieux l'environnement. Cette volonté de maîtrise, cette fascination pour les liens de causes à effets s'épanouissent d'autant mieux qu'elles sont développées par ce monde dans lequel les progrès des sciences et des techniques permettent de dominer de mieux en mieux la nature.

Cependant si, par exemple, la connaissance des mécanismes biologiques permet aux médecins de faire reculer telle ou telle maladie ou d'éviter tel ou tel handicap, elle ne permet pas de répondre à la question : « Qu'est-ce que l'être humain ? » Alors, si un enfant grandit en comprenant que les choses ont une raison, il sera vraiment « un grand » en acceptant de ne pas savoir la raison de toutes choses.

Mais comment l'aider à admettre que les efforts pour tout maîtriser n'aboutissent pas, sans pour autant briser son élan ? D'autant qu'il est sain de chercher à comprendre avec l'intelligence, même dans les questions de foi. Les croyants accordent à la raison une part importante dans le fait de croire en Dieu. Nous n'aimerions guère qu'un enfant ait une foi trop naïve, qu'il gobe tout, sans critique. Cette foi-là aurait-elle un avenir ?

Ce double mouvement de la raison qui cherche à comprendre et qui accueille ce qui la dépasse, on l'observe en regardant grandir un enfant. On le retrouve aussi dans l'histoire de la croissance de l'humanité, spécialement dans l'histoire d'Israël.

De dieux en Dieu

Israël s'est approprié comme ancêtre un personnage nommé Abraham sur lequel s'est cristallisé un ensemble de récits. La tradition biblique le fait venir de Mésopotamie, d'Ur en Chaldée où son père, Terah, aurait servi plusieurs dieux (Genèse, chapitre 11, versets 28 à 30 et Josué, chapitre 24, verset 2).

Vers le troisième millénaire, la Mésopotamie — entre Tigre et Euphrate — était constituée de tout un puzzle de cités rivales, chacune ayant son dieu. Sin, le dieu de la lune, était le dieu d'Ur. Les sémites, comme Terah, pasteurs nomades, fréquentaient très probablement ces villes, leurs marchés et leurs temples.

Peu à peu, à la faveur des guerres et des alliances entre cités, un regroupement des dieux s'opère : lorsqu'une cité est promue dans la hiérarchie régionale, son dieu l'est aussi dans la hiérarchie divine. Lorsque les cités s'unissent jusqu'à former un empire, le dieu de la capitale prend le pas sur ses rivaux. Ainsi naît, vers le second millénaire, un système cohérent. Du polythéisme tous azimuts, on passe à l'hénothéisme, c'est-à-dire une religion qui rend un culte à une divinité suprême sans exclure des dieux subalternes. Baal, le dieu de la capitale, est promu dieu principal. C'est le dieu de la foudre et de l'orage qui quitte son palais pour aller gorger la terre d'une pluie fécondante puis remonte au ciel. Toutefois, en particulier chez les sémites occidentaux, un autre dieu subsiste, « El », le père des dieux, l'ancien à la vie perpétuelle, un vieillard sage, créateur bienveillant mais lointain.

S'est-il opéré alors comme une « concentration » entre ce « El » créateur et transcendant et le « Baal » plus présent aux hommes et fécondant, pour aboutir à un dieu créateur dont les interventions sauvent ? Est-ce le même « El » que l'on retrouve dans la Bible comme Dieu devenant unique, les autres étant peu à peu réduits au rôle de messagers, d'anges ? Est-ce à ce « El » que Abraham et les patriarches, sur la terre de Canaan, élèvent des autels ? A Sichem, on vénère El Berith, le Dieu de l'alliance. A Beersheva, El Olam, Dieu de l'éternité, ou El Roy : Dieu qui voit, qui connaît. Le roi de Salem (Jérusalem), Melchisedek, est prêtre de El Elyon : Dieu très haut. Et la Bible cite encore El Shaddai, Dieu de la montagne.

Il est probable que le « El d'Abraham » soit ainsi apparu dans cette « histoire des dieux » des peuples sumérien, akkadien, babylonien, assyrien et cananéen, dans ce Moyen-Orient à l'étonnant dynamisme religieux. Loin d'être choquante, cette histoire des dieux est émouvante, témoignant des tâtonnements et des progrès de l'esprit humain à la recherche de Dieu.

Mais notre Dieu n'est-il que cette construction affinée par l'érosion des siècles et l'intelligence des générations ?

Une révélation !

« Tu n'auras pas d'autres dieux face à moi… C'est moi le Seigneur ton Dieu, un Dieu jaloux. » Que s'est-il donc passé dans l'histoire des Hébreux pour qu'on trouve dans un texte clef de la Bible une affirmation aussi radicale : la loi des dix commandements de l'Alliance interdit au peuple d'Israël d'adorer un autre dieu que Dieu ? Il s'est passé une expérience privilégiée pour les Hébreux : l'exode sous la conduite de Moïse.

En Égypte, au XIIIe siècle avant notre ère, les descendants des patriarches étaient menacés d'extermination par les pharaons. À vues humaines, la situation était sans issue. Or quelqu'un se présente qui les fait sortir d'Égypte et les sauve. Il donne son nom : Yahvé. Il dit « je » et devient donc quelqu'un qu'on peut appeler. Celui qui, jusque-là, n'avait pas d'autre nom que les divinités voisines –El – a désormais un nom propre. Il dit qu'il est celui qui s'est engagé jadis envers les pères : le « El d'Abraham », c'est lui !

Ce moment historique, où la présence de Dieu est plus palpable pour les Hébreux qu'en toute autre période, bouleverse leur croyance. C'est comme s'ils découvraient à la manière du patriarche Jacob : « Dieu était là et nous ne le savions pas. »

Pour les chrétiens, ce même Dieu s'engage encore davantage dans l'histoire de l'humanité. Le Nouveau Testament dit de Dieu quelque chose d'absolument nouveau : « Il s'est fait chair et il a habité parmi nous. » Dans le Christ, Dieu opère quelque chose d'inédit : l'union de l'humanité et de la divinité, la participation de l'être humain à la nature divine.

Ainsi le dévoilement progressif de Dieu qu'on appelle « la révélation » s'articule-t-il à la recherche progressive des hommes qu'on pourrait appeler « invention ». C'est du dialogue des deux que naît souvent la foi comme une alliance entre celui qui cherche et celui qui se laisse trouver. Quand la raison accueille la révélation, notre regard sur Dieu change, la connaissance de Dieu et aussi la connaissance de nous-mêmes. Sans se nier, la raison s'ouvre à des vérités qui la rendent sans doute plus sage. Le contact avec l'absolu enrichit l'intelligence humaine.

Dieu, origine inconnue ?

Mais tout cela ne répond encore que partiellement à la question des enfants.

Ce que nous avons dit, en partie, c'est comment Dieu a commencé, pour l'humanité et pour chacun de nous ; comment a commencé notre foi en lui.

Mais lorsqu'ils demandent : « Et Dieu, qui l'a inventé ? », les enfants demandent aussi : « Dieu a-t-il commencé ? Et comment ? » Si nous répondions : « Oui, Dieu a commencé », il faudrait lui reconnaître une source, comme à tout ce qui existe. Il ne serait pas Dieu car l'idée du Dieu créateur désigne la source même de l'existence. Mais comment imaginer ce qui n'a pas de commencement, nous dont toute l'histoire consiste à être enfants de ceux qui nous donnent la vie.

Dans la pensée biblique, l'idée de commencement implique une séparation. Selon la Bible, avant le commencement, il y a le monde de Dieu. Et Dieu met le monde au monde comme une femme accouche d'un enfant, en s'en séparant pour qu'il vive, qu'il devienne un autre.

Pour les croyants, Dieu désire donc faire exister et faire vivre en dehors de lui. La création est comme un débordement de vie et d'amour. On dit que Dieu n'a pas besoin de nous. Pourtant, tout se passe comme si, l'être humain manquant, tout était dépeuplé ; comme si l'autre être capable d'amour manquant, la création n'atteignait pas son but ; comme si Dieu avait sur l'existence non pas un projet mais une espérance.

24

Mais comment concevoir qu'un vivant existe ainsi en dehors du temps et de l'espace qui nous structurent et comment en parler à de jeunes enfants qui sont justement en train d'apprendre à se situer dans le temps et dans l'espace ? Dieu est au passé infini, au futur intérieur, au présent permanent. Dieu est présent. C'est ce que disent les croyants en affirmant que Dieu est à l'origine de la vie en permanence, maintenant et demain autant qu'hier : il est celui qui fait être sans cesse une vie que nous sommes tous chargés de développer ; une vie que nous sommes appelés à réaliser dans le sens de l'espérance de Dieu.

Nous ne pouvons pas nous représenter un être vivant en dehors du temps à l'origine de tout ce qui existe inanimé et animé. Nous ne pouvons pas concevoir un être vivant qui n'a besoin de personne et qui désire être avec nous. L'esprit humain entre dans le mystère. L'inconnaissable se fait connaître.

D'un pull-over neuf à Dieu lui-même, un raccourci étonnant !

Si on peut remonter logiquement du pull-over au mouton, si Dieu crée tout, il n'est pas illogique de se demander qui a créé Dieu !

Tentons quelques propositions à l'intention des enfants :

• Tu as raison de poser cette question. Croire en Dieu c'est aussi faire marcher son intelligence. Tu sais bien que chaque bébé qui naît a un père et une mère et que ses parents ont aussi un papa et une maman et c'est toujours comme ça. Personne ne vient au monde tout seul. Or, les croyants affirment que Dieu n'a reçu la vie de personne, il ne doit sa vie à personne d'autre. Croire en Dieu c'est dire qu'il existe quelqu'un qui n'est pas né, qui n'a pas de commencement, qui est de toujours à toujours. C'est dire aussi que Dieu qui n'a besoin de personne pour être vivant donne vie. Il rend vivant aujourd'hui. Son bonheur c'est de faire vivre, tout le temps.

• Pourtant, il est vrai aussi qu'on invente un peu Dieu. Depuis les temps les plus anciens, partout, les gens ont adoré des dieux. Sans dieux, ils se sentaient un peu perdus sur la terre. Pour se réconforter, ils ont imaginé qu'il y avait des êtres plus puissants qu'eux pour les protéger et les guider. Personne ne peut s'empêcher d'inventer des images de Dieu pour répondre à ses besoins, pour compenser ses déceptions et calmer ses peurs. Chacun devine aussi Dieu à partir de ses émerveillements, de ses élans de vie, de ses joies d'aimer. Mais Dieu n'est pas seulement ce qu'on invente ou ce qu'on devine de lui. De son côté, il s'est fait connaître, il s'est présenté surtout par Jésus. Jésus est un très bon chemin pour découvrir qui est vraiment Dieu. Mais un chemin ne mène quelque part que si on le suit. C'est en avançant sur le chemin qu'on découvre Dieu pas à pas. Un jour, on le connaîtra.

Alors, on sera peut-être surpris qu'il ne soit pas celui qu'on imaginait et qu'il soit pourtant celui qu'on attendait.

III

Est-ce que Dieu me connaît, moi ?

L'importance de chaque personne pour Dieu

Olivia vient juste de déménager et elle entre à la grande école. Une grosse boule, dans sa gorge, l'empêche de parler. Ses jambes tremblent et refusent d'avancer. Olivia est oppressée par la peur de l'inconnu : la peur de cette foule d'inconnus, la peur d'être l'inconnue dans cette foule. A l'appel de leur nom, les élèves se rangent devant leur future maîtresse. Olivia imagine qu'elle va être oubliée, que personne ne va l'appeler. Anonyme dans la cour, elle revoit les fourmilières sur les chemins des vacances. Elle se sent petite fourmi dans cette masse d'enfants qui se reconnaissent. Qui fera attention à elle ? Olivia existe-t-elle pour quelqu'un ?

Quelques jours plus tard, Olivia a une place dans sa classe et sa maîtresse connaît déjà son prénom. Mais Olivia n'a pas oublié ces instants où elle a cru être quantité négligeable. Et voilà qu'elle s'interroge sur Dieu. Et lui, il me connaît ? Pour ce Dieu qu'on dit très grand, qui suis-je, moi, si petite ? Ce Dieu si important fait-il attention à moi ? Il y a tant d'habitants sur la terre, ne risque-t-il pas de m'oublier ?

Dis, comment tu t'appelles ?

Inutile d'avoir été hélé dans une cour de récréation : « Hep, toi là-bas ! » pour apprécier qu'une institutrice connaisse chaque enfant par son prénom. L'histoire d'Olivia, c'est l'histoire jamais finie de chaque personne qui, peu à peu, trouve son identité dans la rencontre avec les autres.

Quand des parents donnent un prénom à l'enfant qui naît, ils le reconnaissent comme une personne, différente d'eux et de toutes les autres. La famille est un lieu privilégié : l'enfant y fait l'expérience d'être irremplaçable. Mais, très tôt, la famille est « relayée » par la crèche, la garderie, l'école maternelle. Comme il est difficile de vivre avec les autres, la tentation demeure longtemps de ne s'intéresser qu'à soi, de vouloir accaparer les autres sans les rencontrer tels qu'ils sont vraiment.

Quand une personne, à l'école, dans la rue, appelle un enfant par son prénom, elle le distingue de la masse des autres, il devient quelqu'un pour elle. Et, en même temps, l'enfant découvre que cette personne qui l'appelle est quelqu'un de singulier, elle aussi. C'est tout le jeu de la réciprocité : se découvrir soi-même différencié des autres et découvrir chacun comme un autre en face duquel on peut se situer et dire « je ». Le prénom de chacun marque à la fois cette séparation qui fait exister et l'appel de l'un par l'autre. Connaître, ce n'est pas savoir, c'est être en relation.

C'est pour cela qu'être reconnu, désigné et appelé par son prénom est fondamental dans l'éveil d'un petit enfant. C'est pour cela aussi qu'il est essentiel pour la foi qu'un petit enfant se perçoive comme une personne à nulle autre pareille. Alors il pourra aussi percevoir Dieu comme quelqu'un d'autre. Et le face-à-face entre lui et Dieu pourra commencer.

Du peuple élu à la personne aimée

Ouvrir la Bible, c'est découvrir l'histoire d'un peuple. L'enjeu, c'est la vie d'un peuple, la référence, c'est le peuple. Dans l'histoire d'Israël, telle que la présente la Bible, la vie sociale et collective est très développée. L'individualisme n'est pas de mise.

Israël naît en quittant l'Égypte derrière Moïse, dans une solidarité tribale indispensable à un groupe nomade et peu nombreux. En donnant au Sinaï les dix commandements de la loi pour vivre avec lui, Dieu fait de l'ensemble du peuple son allié et son enfant. « Quand Israël était jeune, je l'ai aimé, je l'ai appelé "mon fils". J'étais pour eux comme ceux qui soulèvent un nourrisson contre leur joue » (Osée, chapitre 11). Bien plus tard, l'exil à Babylone est interprété comme une punition pour la faute de tous, le peuple n'ayant pas été à la hauteur de sa mission, tandis que le prophète Ézéchiel annonce comme une résurrection collective le retour des exclus sur leur terre. Et c'est le peuple juif dans son ensemble qui est témoin du désir de Dieu de se faire connaître à l'humanité.

Dans le premier livre de la Bible, la Genèse, il est bien question de héros, de personnages précis, en particulier des patriarches : Abraham, Isaac et Jacob. Toutefois, il est important de se souvenir que ces récits ont été écrits au Xe siècle avant Jésus Christ, bien après l'épisode de l'exode (XIIIe siècle) et l'époque où ils se situent (XIXe siècle).

Beaucoup de biblistes pensent que, même si un homme du nom d'Abraham a bien existé, on n'aurait pas pu conserver oralement pendant neuf siècles des renseignements précis sur son image personnelle. A la base des récits sur Abraham, il y aurait la conception selon laquelle un peuple est né de la famille d'un seul homme. L'intérêt se concentre donc sur une famille avec, en arrière-fond, l'idée qu'elle va devenir le peuple de Dieu. Un nom d'homme aurait été retenu autour duquel on aurait regroupé des récits qui se rapportent à sa descendance, et l'histoire d'Abraham devient caractéristique de l'histoire du peuple d'Israël.

Ainsi, une série de figures, dans la Bible, seraient en vérité des groupes de population ou des peuples. On aurait « réduit » une population à un personnage et les relations entre les peuples seraient représentées sous forme d'un arbre généalogique. Par exemple, Agar, la servante d'Abraham, la mère d'Ismaël, représenterait les Bédouins fiers et insoumis dont les femmes, vivant dans le désert, ont des maternités difficiles. Jacob et

Esaü pourraient représenter le peuple d'Israël et le peuple d'Edom. Les accords de partage des terres entre Abraham et son neuveu Lot ou entre Jacob et son oncle Laban seraient le reflet de traités entre peuples voisins. Si deux peuples sont proches et égaux, on les représente comme deux frères. Si l'un est plus riche et plus puissant, on dit qu'il est le frère aîné ou bien que le cadet est né d'une concubine.

Ce n'est que peu à peu dans l'histoire que l'alliance du peuple d'Israël avec Dieu se trouve « personnalisée ». Peu à peu, la faute du père ne rejaillit plus sur le fils, chacun devient individuellement responsable de sa vie et de son « péché » devant Dieu. Peu à peu, la conception collective de la résurrection à la fin des temps fait place à l'idée d'une résurrection pour chacun. Les prophètes, ces porte-parole de Dieu, ont joué un grand rôle dans ce mouvement d'individualisation de la vocation commune d'Israël en demandant à chacun de se convertir.

Et ainsi le Dieu d'Israël se fait non seulement tout proche de son peuple mais l'intime de chaque croyant qui se sait connu et aimé de son Dieu. C'est tout le sens du psaume 139, prière de louange qui nous fait entrer dans la relation personnelle d'un juif avec Dieu :

Seigneur, tu me sondes et me connais,
que je me lève ou m'assoie, tu le sais,
Seigneur, tu me sondes et me connais.
De loin, tu discernes mes pensées.
Que je marche ou me couche, tu le sais,
tous mes chemins te sont familiers.

La parole n'est pas encore sur ma langue
et déjà tu la sais tout entière.
Derrière et devant, tu me serres de près,
tu poses ta main sur moi.
Mystérieuse connaissance qui me dépasse
si haute que je ne puis l'atteindre !
Où irais-je loin de ton souffle ?
Où m'enfuir loin de ta face ?
J'escalade les cieux, tu es là,
je me couche aux enfers, tu es là.
Je prends les ailes de l'aurore
pour habiter au-delà des mers,
même là ta main me conduit,
ta droite me tient.
J'ai dit : que les ténèbres me couvrent,
que la lumière sur moi se fasse nuit.
Mais les ténèbres ne sont pas ténèbres pour toi
et la nuit devient lumineuse comme le jour !
C'est toi qui m'as formé les reins,
qui m'as tissé dans le ventre de ma mère.
Je te remercie car je suis une vraie merveille,
tes œuvres sont prodigieuses.
Déjà tu me connaissais
et mes os ne t'ont pas été cachés
lorsque j'ai été fait dans le secret,
tissé au profond de la terre.
Je n'étais qu'une ébauche et tes yeux m'ont vu.
…
Dieu, sonde-moi, connais mon cœur,
scrute-moi, connais mes soucis,
vois que mon chemin ne soit périlleux,
conduis-moi sur le chemin de toujours.

La veille de sa mort, Jésus affirme à ses disciples : « Si vous me connaissiez, vous connaîtriez aussi mon Père. Dès à présent vous le connaissez et vous l'avez vu... Celui qui m'a vu a vu le Père » (Évangile selon Jean, chapitre 14, versets 7 à 9). Si Jésus est ainsi l'image de Dieu, celui en qui Dieu se montre, sa façon de faire connaissance avec les gens et de les connaître révèle la façon même de Dieu. Examinons donc ses façons de lier connaissance.

Pierre, les deux Jacques, Jean, André, Philippe, Matthieu, Thomas, Thaddée, Simon, Barthélemy appelé aussi Nathanaël, Judas, Marie de Magdala et l'autre Marie, Jeanne, Suzanne, Salomé, Marthe... Lorsque Jésus choisit ses premiers disciples pour partager sa vie et être ses témoins depuis le commencement, il les appelle par leurs prénoms.

Ainsi, dans l'Évangile selon Jean, Jésus est au bord du Jourdain, là même où Jean Baptiste l'a baptisé la veille. Celui-ci montre Jésus qui passe à deux amis : « Voici l'envoyé de Dieu. » Les deux amis suivent Jésus. L'un d'eux, André, va chercher son frère, Simon, et l'amène à Jésus. L'Évangile dit alors : « Fixant son regard sur lui, Jésus dit : "Tu es Simon, fils de Jean de Bethsaïde, tu seras appelé "Céphas", ce qui veut dire rocher, autrement dit Pierre. » Jésus change le nom de cet homme. C'est comme s'il reconnaissait en Pierre quelqu'un de solide comme un roc et comme si ce regard faisait de Pierre quelqu'un de nouveau plus proche de ce qu'il est réellement, de sa vérité, de sa vocation.

Le lendemain, Jésus rencontre Philippe. Celui-ci va trouver Nathanaël, peut-être en train de méditer les Écritures assis sous un figuier. Philippe l'invite à venir voir Jésus car il croit que ce fils du charpentier de Nazareth est l'envoyé de Dieu. Nathanaël, sceptique, va voir. Alors, dit l'Évangile : « Jésus regarde Nathanaël venir à lui et dit : "Voici un véritable Israélite en qui il n'y a pas d'artifice." Nathanaël, étonné, demande à Jésus : "D'où me connais-tu ?" Jésus répond : "Avant même que Philippe ne t'appelle, alors que tu étais sous le figuier, je t'ai vu". » Jésus paraît connaître ou deviner quelqu'un qui se croit un inconnu à ses yeux.

Quand Jésus parcourt les chemins de Palestine, il rencontre beaucoup d'inconnus, des gens souvent même ignorés de leurs voisins ou des gens qui ne comptent pas : les enfants, qu'il reconnaît comme des gens importants ; Zachée, le percepteur malhonnête de Jéricho chez qui il s'invite ; Marie, la sœur de Lazare, qui boit ses paroles et son autre sœur, Marthe, qui n'a pas le temps de l'écouter ; une femme connue pour sa mauvaise réputation, qui lui parfume les pieds ; une Cananéenne qui vainc les préjugés de Jésus ; une femme adultère que Jésus ne condamne pas ; une étrangère samaritaine qui, tirant de l'eau d'un puits pour Jésus assoiffé, est étonnée que cet homme la reconnaisse comme quelqu'un et du coup le reconnaît comme le Messie : tout se passe comme si chacun des deux devenait aussi clair et transparent que l'eau, chacun captant dans le regard de l'autre le reflet de sa propre vérité.

Quand on lit les Évangiles, on découvre que Jésus devine les gens un peu comme un musicien détecte le virtuose dans un jeune enfant. Jésus perçoit en chacun l'artiste que les autres ignorent. Quand Jésus rencontre une personne, il ne la distingue pas seulement des autres, il fait vibrer quelque chose à l'intérieur d'elle qu'elle-même ne connaissait pas. Chacun gagne à être connu de Jésus. Il y gagne une connaissance de lui-même qui lui permet de devenir... ce qu'il est. Car le plus vrai d'une personnalité n'est pas forcément ce que tout le monde en connaît. Nous ne sommes pas uniquement ce qui se voit. À nos propres yeux, nous ne sommes pas en pleine lumière. Qui se connaît soi-même, parfaitement ?

À travers ces personnages de l'Évangile, encore maintenant une rencontre de personne à personne peut avoir lieu entre Jésus Christ et chaque croyant. Les mots écrits restent des paroles adressées à chacun, lui permettant de reconnaître la part la plus insaisissable de lui-même.

Jésus révèle donc Dieu comme quelqu'un qui cherche à lier connaissance et donne un nom propre à chacun. Le souci de Dieu est de rassembler la multitude des humains autour de lui et en même temps il appelle chacun de façon « personnalisée » et personnelle, faisant attention à ce qu'il est, s'adaptant patiemment à son rythme, à ses possibilités. « Connaître », dans le langage biblique, signifie « vivre avec ». Dieu qui désire que nous vivions avec lui, vit avec nous, discrètement. Il est présent au cœur de nos dédales intérieurs, attentif, respectueux de nos parcours intimes, en connivence. C'est ce que dit la Bible en employant des expressions comme « Notre père du ciel sait ce dont vous avez besoin », « Dieu voit dans le secret des cœurs », « Dieu demeure en moi et moi en lui ». Oui, Dieu connaît chacun de nous. Nous connaissant, il nous permet de nous reconnaître en nous découvrant à nous-mêmes. Voilà pourquoi la foi est une aventure personnelle qui ne peut germer que dans la conscience individuelle. On peut donner une religion en héritage à un enfant, lui apprendre son histoire, l'orienter vers Dieu, « faire les présentations », lui faire pressentir l'expérience qu'on en a. On ne peut pas nouer la relation à sa place. La foi est une affaire d'amour et de confiance. L'amour et la confiance ne peuvent pas être impersonnels. Ils se donnent nécessairement de personne à personne.

Et moi, et moi, et moi, est-ce que Dieu me connaît ?

demandent nos enfants. Aux nombreux récits des rencontres de Jésus avec les gens de son temps, on peut aussi ajouter ses convictions.

Nous sommes très nombreux sur la terre, des milliards, et il y a peut-être d'autres habitants dans l'univers. C'est difficile de croire que chacun compte pour Dieu. Tu me demandes si Dieu te connaît. C'est donc que tu as envie d'être connue de lui, envie qu'il y ait comme une amitié entre lui et toi. Alors, considère Dieu comme un ami, très proche. Fais-lui tes confidences, seul à seul, cœur à cœur. C'est par le cœur qu'il te connaît.

Et n'aie pas peur comme cet enfant qui, un jour chez lui, en Alsace, avait joué avec des allumettes et brûlé un tapis. Il a essayé de le cacher. Puis il s'est dit : maman ne verra pas mais il y a Dieu et Dieu me voit. Alors, il s'est enfermé dans la salle de bain et il a cru devenir fou en se sentant sans cesse regardé par Dieu. Et il a commencé à le refuser. Il a refusé de croire en Dieu. Il s'appelait Jean-Paul Sartre, tu entendras peut-être parler de lui. Il est devenu un grand écrivain mais, enfant, il s'est trompé ou on l'a trompé. Dieu n'est pas un surveillant. Il nous regarde comme un ami, il voit toujours le bon côté et même parfois il te montre ton bon côté que tu ne connaissais pas. Oui, Dieu te connaît. Tu as un nom pour lui. Parle-lui en ton nom.

Tu sais, la naissance d'un bébé apprend beaucoup de choses aux parents. Quand tu es née, tu n'étais pas notre premier enfant. Il y avait ton frère. Je l'aimais tellement que j'ai pensé qu'il était impossible que j'aime un second enfant autant que lui. Je croyais mon cœur trop petit. Je croyais que quand on a deux enfants, il faut partager l'amour en deux comme on partage un gâteau et que chacun en a deux fois moins.

Et c'est tout le contraire qui arrive. Chaque nouvelle naissance fait découvrir une nouvelle façon d'aimer car chaque enfant, même dans la même famille, est différent. Les parents peuvent bien aimer autant et en même temps chacun de leurs enfants et l'amour ne perd pas de sa force en se partageant. Tu n'es pas l'enfant unique de Dieu, il en a autant que le sable de la mer a de grains. Mais Dieu est une mère pour toi.

IV

Dieu est grand comment ?
Comment Dieu donne toute sa mesure

Être grand, c'est d'abord une question de taille. Être grand, c'est avoir de la hauteur. Avec sa toise, le pédiatre mesure l'enfant, lui annonce : « Tu as grandi » et inscrit très sérieusement des chiffres sur la courbe de son carnet de santé. Le pantalon trop court passe au petit frère. Le bouton de l'ascenseur est désormais à portée de main. Et, bien qu'il n'y soit pour rien, un enfant atteint le comble de la fierté lorsqu'on remarque : « Comme tu es grand pour ton âge ! »

Dieu est grand, est-ce une question de taille ? Personne ne sait s'il a « une tête de plus que les autres ». Mais les petits enfants peuvent tout à fait avoir peur de lui comme d'un méchant géant capable de toiser les petits.

Être grand, c'est une question de puissance. Être grand, c'est être à la hauteur. « Quand je serai grand, je conduirai un camion… Je serai pompière et j'arrêterai le feu dans la forêt… Je serai docteur et j'empêcherai les bébés de mourir… Quand je serai grand, je ferai tout tout seul !… » Et d'ailleurs, lorsqu'un enfant s'exprime de mieux en mieux, lorsqu'il vient à comprendre les réponses nuancées qu'on donne à ses « Pourquoi ? », lorsqu'il prend de l'autonomie, on lui dit : « Tu deviens grand »… puis on le charge de devoirs que les « petits » n'ont pas.

Les grands de ce monde doivent être à la hauteur des tâches qu'on leur a confiées, assez puissants pour assumer les événements. Les grands hommes en imposent. Leur grandeur, c'est l'influence et la gloire. « Dieu est grand », est-ce une question de toute-puissance ?

Les enfants peuvent encore s'en inquiéter. Dieu n'est-il pas trop grand pour eux, comme pour nous ? Ne nous ferait-il pas de l'ombre ? Faut-il se mesurer à lui, nous qui sommes « tout petits devant sa face ? »

Être grand, c'est avoir de l'âge, atteindre le grand âge de l'expérience et du savoir-faire, celui des grands-pères et des grand-mères. « Dieu est grand », est-ce une question d'âge ? Lui qu'on dit hors d'âge, éternel ?

Être grand, c'est aussi ne plus grandir, cesser sa croissance. Un corps adulte est comme en arrêt. C'est redoutable ! « Dieu est grand », est-il pour toujours comme il est ou bien change-t-il ?

Comment prendre la mesure de Dieu ? Quelle est sa vraie grandeur ?

Dieu a de la hauteur. On dit qu'il est au ciel ; et le ciel, on ne l'atteint jamais : il y en a toujours encore plus haut !

Le récit de « la tour de Babel », dans le premier livre de la Bible, raconte que des gens ont voulu bâtir une tour pour toucher le ciel, un gratte-ciel pour percer les nuages et s'élever à la hauteur de Dieu, au plus haut des cieux. Leur échec enseigne que Dieu n'est pas un géant et que la folie des grandeurs n'est qu'humaine. On ne peut pas toiser Dieu.

Pourtant Dieu est grand, dit-on, infiniment. Manquant de mots pour évoquer sa transcendance, sa gloire, sa dignité, sa majesté, on fait des analogies avec ce qu'on connaît : la grandeur d'âme, les grands de ce monde. On le voit « en grand ». Dieu, unique, fait craquer toutes les définitions dont on l'habille comme des vêtements trop petits, alors on utilise les grands mots, les grandes phrases.

Dieu est grand ? Peut-être est-ce pour cela qu'il sait prendre de la distance et ne nous regarde pas de haut, comme si, d'où il est, à son échelle, tout le monde avait la même grandeur.

Car, selon la Bible, « aux yeux de Dieu », les vrais grands sont souvent les petits. Alors que ceux qui se croient grands, ceux qui se donnent de grands airs, Dieu les rabaisse. La grandeur de Dieu, c'est d'être du côté des petites gens : ceux qui, malades, n'ont pas atteint leur taille normale, ceux qui se recroquevillent faute de chaleur, ceux qui n'osent pas se montrer au grand jour, ceux qui ne font pas grand bruit, et les enfants qui rêvent de grandir.

Jésus dit aux grands : « Le Royaume de Dieu est pour les petits et ceux qui leur ressemblent. » Jésus, l'enfant de Dieu, propose à chacun d'être comme un enfant qui grandit, plein du désir de se dépasser et tout autant du besoin d'être aidé.

Dieu est grand et nous élève comme ses enfants. Dieu est grand et appelle chacun à grandir à sa juste mesure. La grandeur de Dieu, c'est de nous mettre à sa hauteur. Car la grandeur de Dieu, c'est la grandeur de l'homme, dressé, relevé.

V

Jésus et Dieu, c'est pareil ?
Entrer dans le mystère de l'Incarnation

Thomas, l'un des douze apôtres, voyant Jésus ressuscité, s'écrie : « Mon Seigneur et mon Dieu ! » À Philippe, un autre des douze, Jésus affirme : « Ne crois-tu pas que je suis dans le Père et que le Père est en moi ? » Les religieux de son temps accusent Jésus de se prendre pour Dieu. Il pardonne, alors que seul Dieu peut pardonner. Il semble se permettre de modifier la loi (« Le sabbat est fait pour l'homme et non l'homme pour le sabbat ») alors que c'est la loi donnée par Dieu. Jésus n'est pas un homme ordinaire.

On raconte facilement les histoires de Jésus aux enfants. Beaucoup de parents remarquent qu'il est plus simple de leur parler de Jésus que de Dieu. D'ailleurs, c'est bien le propre des chrétiens de raconter Jésus Christ pour parler de Dieu ! Et, ce qui est étonnant, c'est que tantôt on parle de Jésus comme Dieu qui parle et vit avec nous, tantôt on parle de Jésus comme un homme qui parle de Dieu et à Dieu comme à quelqu'un d'autre que lui.

Alors, il est normal que vienne la question : « Jésus et Dieu, c'est le même ? », autrement dit, quel est le rapport entre Jésus et Dieu ? Quand nous disons « Dieu le Père » et « Dieu le Fils », s'agit-il de deux pièces d'un même ensemble ? Si nous disons : « Ce sont deux personnes », étant donné ce que nous connaissons d'une personne humaine, cela ne fait-il pas deux dieux ?

Cette question d'enfant a toujours été celle des chrétiens. Comment dire que Jésus est Dieu mais que Dieu, qui est unique, n'est pas uniquement Jésus ? Comment dire que Jésus est un homme devant Dieu et qu'il n'est pas uniquement un homme ? Et comment en est-on arrivé à affirmer d'un Galiléen du Iᵉʳ siècle qu'il est « vrai Dieu né du vrai Dieu » ?

Qu'a dit Jésus de lui-même ?

Déjà, au temps de la vie terrestre de Jésus, les gens se demandaient : « Qui est-il donc ? »

Jésus a été accusé par les religieux de Jérusalem de se prendre pour le Messie. Le « Messie » (mot d'origine hébraïque équivalant au mot « Christ », d'origine grecque) était un homme ayant reçu une onction sainte, signe qu'il était choisi par Dieu pour guider son peuple, comme, par exemple, le roi David. Beaucoup de contemporains de Jésus ont espéré qu'il était un Messie qui les libérerait de l'occupation romaine et restituerait au peuple sa grandeur passée. Sur la route d'Emmaüs, les pèlerins, déçus par la mort de Jésus, se désolaient : « Nous espérions qu'il était celui qui allait délivrer Israël. »

L'attitude de Jésus est ambiguë. Tantôt il récuse le rôle : ainsi, après la multiplication des pains, « sachant qu'on allait venir l'enlever pour le faire roi, il se retire à nouveau seul dans la montagne ». Tantôt, il semble se laisser accueillir comme un roi : ainsi, lorsque la foule l'acclame à son entrée triomphale dans Jérusalem : « Béni soit celui qui vient au nom du Seigneur. Hosannah au plus haut des cieux. » Et lorsque le grand prêtre lui demande : « Es-tu le Messie ? », Jésus répond : « Tu le dis. » De toute façon, la libération promise par Jésus est tout autre que celle qu'on attendait et, pour les juifs, le Messie n'est pas Dieu, il est seulement un homme choisi par Dieu.

A certaines occasions, Jésus s'attribua le titre de « Fils de l'homme ». A un scribe qui lui dit : « Maître, je te suivrai partout où tu iras », Jésus répondit : « Les renards ont des terriers et les oiseaux des nids, le Fils de l'homme, lui, n'a pas où poser la tête. » Arrivés dans la région de Césarée de Philippe, Jésus interrogea ses disciples : « Au dire des hommes, qui est le Fils de l'homme ? » Ils donnèrent différentes réponses à la suite desquelles Jésus reprit : « Et vous, qui dites-vous que je suis ? » Le « Fils de l'homme », pour les juifs de l'époque, était un personnage mystérieux et majestueux devant venir du ciel pour instaurer le règne de Dieu. Si Jésus annonce bien la venue du règne de Dieu, il ressemble plus à un prédicateur qui échoue, puis est persécuté, qu'à un personnage couvert de gloire. Difficile donc de l'identifier totalement au Fils de l'homme, dont il n'est pas dit qu'il est Dieu.

Quant au titre de « Fils de Dieu », il semble bien que Jésus ne se le soit pas attribué. Et, de toute façon, à son époque, ce terme n'avait pas encore le sens exclusif que nous lui donnons à propos de Jésus en l'appelant le Fils Unique. Étaient « Fils de Dieu » tous ceux qui étaient fidèles à Dieu : le roi, le peuple tout entier.

Ainsi, même si ses ennemis accusent Jésus de se prendre pour Dieu, lui n'a jamais affirmé explicitement qu'il était Dieu. Et il ne cesse de renvoyer à Dieu. Il ne laisse pas passer une occasion de prendre la défense de Dieu souvent mal connu et même parfois mal vu et mal aimé à cause des intégristes juifs. Jésus n'a pas cherché à tirer bénéfice pour lui-même des miracles qu'il faisait. Il n'en a jamais fait un argument pour prouver qu'il était Dieu. Avant de mourir, Jésus redit à ses apôtres qu'il est envoyé par Dieu pour le faire connaître. Et, sur la croix, il s'adresse encore à Dieu : « Mon Dieu, pourquoi m'as-tu abandonné ? », puis : « Père, je remets ma vie entre tes mains. »

Raconter ces épisodes aux enfants, leur relire les récits des Évangiles où Jésus parle à Dieu, c'est mettre en évidence l'existence de deux personnes distinctes même si elles sont unies.

Les chrétiens nomment Jésus « Dieu le Fils »

Ce qui étonne, dans les Évangiles, c'est l'intimité de Jésus avec Dieu. Reprenant la tradition de son peuple,

Jésus a désigné Dieu comme Père. Mais il est passé de « Dieu-Père » à « Dieu-mon Père » et, par trois fois, à « Dieu-*abba* », papa dans sa langue : « *Abba*-papa, fais-toi reconnaître comme Dieu » ; « *Abba*-papa, je te bénis d'avoir caché cela aux sages et de l'avoir révélé aux tout-petits » ; « *Abba*-papa, tout t'est possible, éloigne de moi cette coupe, cependant pas ce que je veux mais ce que tu veux. » S'adresser à Dieu dans un terme aussi familier, avec autant de simplicité et de tendresse, c'est inouï. En prononçant ce mot, « *abba* », Jésus affirme une relation tout à fait originale avec Dieu. Il montre qu'il connaît Dieu comme un fils qui vit jour après jour auprès de son père et, donc, qu'il peut le faire connaître comme personne d'autre ne le peut.

Et puis, lorsque les apôtres voient Jésus vivant après sa mort, cet événement invraisemblable est pour eux le signe que Dieu est avec lui, que Dieu le soutient, que Dieu confirme tout ce qu'il a dit et tout ce qu'il a fait, qu'il ratifie sa vie. Lorsque les apôtres, dans leur propre chair, vivent une transformation étonnante – ils étaient désespérés et désemparés par la mort de leur maître et, brusquement, deviennent entreprenants et pleins de dynamisme – alors ils reconnaissent Jésus avec certitude comme celui que « Dieu a fait Seigneur et Christ ». Appeler Jésus Seigneur, c'est lui donner le titre réservé à Dieu dans la Bible. Autrement dit c'est dire que Jésus est Dieu. Pour affirmer une chose pareille dans le cadre de la religion monothéiste intransigeante d'Israël (« Tu n'auras pas d'autres dieux que moi », dit le premier des dix commandements de la loi d'Alliance), il fallait beaucoup d'audace, ou plutôt il fallait qu'une lumière fulgurante leur ouvre les yeux.

Ce regard nouveau que les apôtres ont alors porté sur Jésus est repris par saint Paul : « *Paul, serviteur de Jésus Christ, appelé à être apôtre, mis à part pour annoncer l'Évangile de Dieu. Cet Évangile concerne son Fils issu selon la chair de la lignée de David, établi selon l'Esprit Saint Fils de Dieu avec puissance par sa résurrection d'entre les morts, Jésus Christ notre Seigneur* » (début de l'Épître aux Romains).

Les chrétiens ont beaucoup réfléchi sur la personne de Jésus et, au IVᵉ siècle, ils ont composé cette affirmation de foi qu'ils disent toujours : « Je crois en un seul Seigneur, Jésus Christ, le fils unique de Dieu, né du Père avant tous les siècles : il est Dieu, né de Dieu, lumière née de la lumière, vrai Dieu né du vrai Dieu, engendré non pas créé, de même nature que le Père. »

Jésus, alliance entre Dieu et les hommes

On peut penser que c'est assez simple d'éveiller les enfants à la foi en leur parlant de Jésus. Ce n'est pas vrai. On ne peut parler de Jésus sans parler de Dieu. En parlant de Jésus, on est contraint de s'affronter à la question de Dieu. Et on ne peut être disciple de Jésus, chrétien, sans être croyant en Dieu !

En effet, Jésus n'est pas seulement le meilleur maître sur Dieu, le meilleur moyen, pour nous, de connaître Dieu, il est Dieu qui se montre humain. C'est cela le plus étonnant : en Jésus, Dieu qui est « Autre » par définition nous devient semblable.

47

Si les enfants ont du mal à comprendre à la fois l'unité de Dieu et la distinction des « personnes », ils ne sont pas les seuls ! Nous sommes comme eux. Ceux qui s'interrogent sur ce rapport entre Jésus et Dieu, tout en appelant Jésus « Fils de Dieu », sont dans la même situation que l'apôtre Pierre dans ce récit que nous pouvons raconter aux enfants (Évangile selon Matthieu, chapitre 16, versets 13 à 24). *Jésus et ses disciples étaient au nord de la Galilée, près des sources du fleuve Jourdain. Là, Jésus demande : « Qu'est-ce que les gens disent de moi ? » Ses disciples répondent : « Certains te confondent avec Jean Baptiste, pour d'autres, tu es un grand prophète de Dieu. » Jésus insiste : « Et d'après vous ? » Pierre prend la parole : « Tu es le Christ, le Fils du Dieu vivant ! » Jésus déclare alors : « Tu peux t'estimer heureux, Pierre, car personne ne peut découvrir cela tout seul. C'est Dieu lui-même qui te l'a soufflé… »*

Ils peuvent s'estimer heureux, les enfants qui se demandent : « Jésus et Dieu, c'est le même ? »

VI

Le Saint-Esprit, qui est-ce ?
Éveiller au mystère
de Dieu Trinité

« Au nom du père, du fils et... de la mère. »

C'est parce que la grand-mère de Paul rectifiait la phrase que celui-ci lui demanda : « Mais qui c'est le Saint-Esprit ? »

Un autre enfant s'interrogera sur le grand oiseau suspendu au-dessus de l'autel, à l'église ; un troisième s'étonnera devant les flammes étranges qui coiffent les amis de Jésus sur un vitrail de la Pentecôte.

« Saint-Esprit », « Esprit de Dieu », « Esprit de vérité », « Paraclet » : qui est donc cette troisième personne divine ? Quel est son rôle ? Comment comprendre qu'un Dieu unique soit pourtant trois ?

L'amour et l'absence

Première analogie : papa, maman et moi.

Pour un jeune enfant, il y a sa mère, son père et lui. Au tout début, le bébé ne faisait pas encore bien la différence entre sa mère et lui. Peu à peu, en grandissant, il a su qu'il est « moi-je ». Du même coup, il a pressenti qu'il est unique et que, pourtant, il n'est pas sa propre origine, que d'autres lui ont donné la vie.

Il est vrai qu'il peut toujours naître un enfant d'une relation sexuelle sans amour, Mais, dans la plupart des cas, un homme et une femme ont fait alliance, se sont confiés l'un à l'autre jusqu'à permettre à une vie de naître et de grandir.

C'est un peu comme si nous, parents, sortions de nous-mêmes, pour mettre au monde « quelque chose » qui n'est plus notre vie et qui est pourtant de nous. Cette expérience d'une autre vie qui se développe à partir de nos propres vies de père et de mère fait entrer dans l'intelligence de ce qu'est le Saint-Esprit : le lien vivant de la relation entre Dieu le Père et son Fils, l'amour entre eux fait personne.

Deuxième analogie : l'absence n'est pas abandon.

Un petit enfant apprend très vite que ceux qu'il aime ne sont pas « à disposition ». Il arrive même qu'ils s'absentent. Quand une maman s'absente, quand un jeune enfant part chez sa nourrice ou entre à l'école, il n'est pas rare qu'il traîne avec lui son « doudou » – tantôt mouchoir, tantôt bout de drap, tantôt vieille peluche – tout imprégné des odeurs et des douceurs de ceux qu'il aime. C'est le doudou qui donne la sensation que la personne aimée, même invisible, est, d'une certaine façon, présente et proche, qu'on n'est pas abandonné. Un petit enfant a besoin de signes concrets pour être sûr que l'absence de ses parents ne le laisse pas orphelin.

Cela fait penser à l'inquiétude des apôtres de Jésus lorsque celui-ci leur annonce son départ, pendant la Cène : *« Maintenant je vais à celui qui m'a envoyé. Parce que je vous ai dit cela l'affliction a rempli votre cœur... Mes petits enfants, je ne suis plus avec vous que pour peu de temps... Le Père vous donnera un Paraclet* qui sera avec vous pour toujours... Je ne vous laisserai pas orphelins... Le Paraclet, l'Esprit Saint que le Père enverra en mon nom, vous fera ressouvenir de tout ce que je vous ai dit »* (Évangile selon Jean).

Un petit enfant ne peut-il « comprendre » combien les apôtres ont besoin que Jésus qui part se rende présent à eux d'une autre façon ? Ne peut-il saisir que l'Esprit Saint est cette présence d'un Dieu qui paraît parfois si lointain ?

---

* Paraclet : « avocat », en grec. Le paraclet, c'est d'abord quelqu'un qui s'entremet en faveur d'une personne. Mais, chez les juifs de la dispersion, on appelait paraclet l'interprète de la synagogue. Il y avait le maître, le lecteur de la Bible, qui lisait en hébreu, les disciples qui l'écoutaient comme des enfants écoutent leur maître ou leur père et le paraclet qui, à haute voix, traduisait simultanément les paroles du maître dans la langue de ceux qui l'écoutaient et, donc, rendait la parole compréhensible. Saint Jean, en appelant le Saint-Esprit le « Paraclet » ou l'« Esprit de Vérité », en fait celui qui permet de saisir le sens de l'enseignement du Christ et de sa vie.

La « mise à feu », c'est la Pentecôte

Les chrétiens ne sont pas les premiers à parler de l'Esprit Saint. L'Esprit est présent dans la première phrase de la Bible, écrite six siècles avant Jésus Christ : *Lorsque Dieu commença la création du ciel et de la terre, la terre était déserte et vide, les ténèbres couvraient l'abîme, l'Esprit de Dieu planait au-dessus des eaux.*

On peut aussi traduire « le souffle de Dieu ». Le mot hébreu est *rouah,* qui signifie « espace vital, atmosphère ». Tout se passe comme si, sur une terre vide et informe, la vie n'était pas possible. Alors vient l'Esprit de Dieu, apparaît l'atmosphère de Dieu où l'homme peut respirer et vivre.

La Bible parle souvent de cet Esprit de Dieu. Le Livre des Nombres, qui date d'environ huit siècles avant Jésus Christ, fait dire à Moïse : *Ah ! Puisse tout le peuple du Seigneur être prophète, le Seigneur lui donnant son Esprit !* (chapitre 11, verset 29).

Les rois d'Israël – Saül, David, Salomon – reçoivent une onction d'huile qui pénètre dans leur peau, signe que l'Esprit de Dieu pénètre en eux et va les rendre capables de construire le bonheur du peuple.

Les prophètes qui parlent au nom de Dieu sont remplis de son Esprit. Ainsi Élie qui part en montagne pour trouver Dieu. Il y voit un orage avec des éclairs et du tonnerre. Dieu n'est pas dans l'orage. Il y voit un tremblement de terre. Dieu n'est pas là non plus. Il y voit un grand feu. Dieu n'est pas là dans le feu. Puis, il y a juste un peu de vent, une brise légère. Et Élie reconnaît le passage de Dieu dans ce souffle ténu et insaisissable (Premier Livre des Rois, chapitre 19, versets 8 à 15).

Ainsi encore Isaïe : *L'Esprit du Seigneur Dieu est sur moi. Le Seigneur a fait de moi un messie. Il m'a envoyé porter la nouvelle aux pauvres.* (C'est cette lecture du Livre d'Isaïe, chapitre 61, versets 1 à 3, faite par Jésus à la synagogue de Nazareth, qui lui vaut d'être jeté dehors car nul n'est prophète en son pays.)

Mais le grand « prophète de l'Esprit » est Ézéchiel : à son appel, l'Esprit de Dieu rend vie à des ossements desséchés et leur donne un cœur nouveau (Livre d'Ézéchiel, chapitre 37, versets 1 à 14).

Le rêve de recevoir l'Esprit de Dieu a habité le peuple d'Israël tout au long de son histoire. Pour les juifs, Dieu a promis de donner son Esprit et les derniers temps doivent être comme une effusion de l'Esprit de Dieu sur tous les croyants.

Voilà pourquoi, à la Pentecôte, une cinquantaine de jours après la résurrection de Jésus Christ, lorsque les apôtres, enfermés chez eux, n'osant parler de peur de subir le même sort que leur maître, se sentent envahis par une force qui les rend prêts à affronter n'importe qui pour annoncer que Dieu a ressuscité Jésus et l'a fait Seigneur et Christ, ils sont sûrs que c'est l'Esprit de Dieu qui est en eux.

Quand le jour de la Pentecôte arriva, ils se trouvaient réunis tous ensemble. Tout à coup il y eut un bruit qui venait du ciel comme le souffle d'un violent coup de vent : la maison où ils se tenaient en fut toute remplie ; alors leur apparurent comme des langues de feu qui se partageaient et il s'en posa sur chacun d'eux. Ils furent

tous remplis d'Esprit saint et se mirent à parler d'autres langues, comme l'Esprit leur donnait de s'exprimer. Or, à Jérusalem, résidaient des juifs, venus de toutes les nations. A la rumeur qui se répandait, la foule se rassembla et se trouvait en plein désarroi, car chacun les entendait parler sa propre langue. Déconcertés, émerveillés, ils disaient : « Tous ces gens qui parlent ne sont-ils pas des Galiléens? Comment se fait-il que chacun de nous les entende dans sa langue maternelle ? Parthes, Mèdes et Élamites, habitants de la Mésopotamie, de la Judée et de la Cappadoce, du Pont et de l'Asie, de la Phrygie et de la Pamphylie, de l'Égypte et de la Libye cyrénaïque, ceux de Rome en résidence ici, tous, tant juifs que prosélytes, Crétois et Arabes, nous les entendons annoncer dans nos langues les merveilles de Dieu. » Ils étaient tous déconcertés, et dans leur perplexité ils se disaient les uns aux autres : « Qu'est-ce que cela veut dire ? » D'autres s'esclaffaient : « Ils sont pleins de vin doux. » Alors s'éleva la voix de Pierre, qui était là avec les Onze ; il s'exprima en ces termes : « Hommes de Judée, et vous tous qui résidez à Jérusalem, comprenez bien ce qui se passe et prêtez l'oreille à mes paroles. Non, ces gens n'ont pas bu comme vous le supposez : nous ne sommes en effet qu'à neuf heures du matin ; mais ici se réalise cette parole du prophète Joël : Alors, dans les derniers jours, dit Dieu, je répandrai de mon Esprit sur toute chair, vos fils et vos filles seront prophètes, vos jeunes gens auront des visions, vos vieillards auront des songes ; oui, sur mes serviteurs et sur mes servantes en ces jours-là je répandrai de mon Esprit et ils seront prophètes...
(Actes des Apôtres, chapitre 2, versets 1 à 18).

En citant le prophète Joël dans son discours, Pierre montre que cette Pentecôte est comprise par les chrétiens comme l'accomplissement de la promesse de Dieu. Comme si la Pentecôte était la « mise à feu » de la troisième période de l'histoire des croyants au Dieu d'Abraham : il y a eu le temps de la première alliance (Ancien Testament), le temps de la foi en un Dieu Père qui promet d'envoyer un messie. Il y a eu la deuxième période avec Jésus qui donne une réponse inattendue à l'attente du messie. La Pentecôte inaugure une troisième époque, celle de l'Esprit donné par Dieu, comme Jésus lui-même l'avait promis : *... le Paraclet, l'Esprit Saint que le Père enverra en mon nom, vous enseignera toutes choses et vous fera ressouvenir de tout ce que je vous ai dit* (Évangile selon Jean, chapitre 14, verset 26). Celle où les disciples de Jésus, autrement dit les chrétiens, gonflés par le souffle de l'Esprit, sous l'inspiration de Dieu, deviennent capables d'être des témoins de Jésus Christ et d'en parler à chacun dans sa langue, dans sa culture.

Ainsi la foi en un Dieu unique en trois personnes* est très profondément ancrée dans l'expérience des premiers chrétiens. Les apôtres ont entendu Jésus appeler Dieu « *abba* », c'est-à-dire « papa ». Puis, à la Pentecôte, il font comme promis l'expérience de l'effusion de l'Esprit.

Il faudra quatre siècles pour que les chrétiens parviennent à formuler leur foi en Dieu unique et pourtant

---

* Le christianisme croit en un seul Dieu en trois personnes : c'est un *monothéisme*, c'est-à-dire une croyance en un Dieu unique, tandis que l'on appelle *polythéisme* une croyance en plusieurs dieux.

trois. C'est Théophile d'Antioche, vers 180, qui trouve le mot « Trinité » pour exprimer ce paradoxe. Et ce n'est qu'en 381, lors du deuxième concile œcuménique, à Constantinople, que le dogme est défini : un Dieu unique en trois personnes de même nature : le Père, le Fils engendré et le Saint-Esprit qui « procède » du Père et du Fils.

Il n'en reste pas moins que, dans notre tradition occidentale, le Saint-Esprit reste le grand inconnu, un peu l'oublié, en tout cas celui dont on a du mal à parler.

Être chrétien, c'est trouver un second souffle

Dans les Évangiles, le Saint-Esprit entre en scène au baptême de Jésus. On ne sait pas encore grand-chose de Jésus et puis, alors qu'il est dans le Jourdain, le ciel s'ouvre comme pour un enfantement, une voix tombe d'en-haut : « Tu es mon fils bien-aimé », et l'Esprit descend sur lui comme une colombe.

Un autre passage est peut-être plus éclairant sur le Saint-Esprit. Il s'agit de l'entretien entre Jésus et le savant Nicodème.

Or il y avait, parmi les pharisiens, un homme du nom de Nicodème, un des notables juifs. Il vint, de nuit, trouver Jésus et lui dit : « Rabbi, nous savons que tu es un maître qui vient de la part de Dieu, car personne ne peut opérer les signes que tu fais si Dieu n'es pas avec lui. » Jésus lui répondit : « En vérité, en vérité je te le dis : à moins de naître de nouveau, nul ne peut voir le Royaume de Dieu. » Nicodème lui dit : « Comment un homme pourrait-il naître s'il est vieux ? Pourrait-il entrer une seconde fois dans le sein de sa mère et naître ? » Jésus lui répondit : « En vérité, en vérité, je te le dis : nul, s'il ne naît d'eau et d'Esprit, ne peut entrer dans le Royaume de Dieu. Ce qui est né de la chair est chair, et ce qui est né de l'Esprit est esprit. Ne t'étonne pas si je t'ai dit : "Il vous faut naître d'en haut." Le vent souffle où il veut, et tu entends sa voix, mais tu ne sais ni d'où il vient ni où il va. Ainsi en est-il de quiconque est né de l'Esprit » (Évangile selon Jean, chapitre 3, versets 1 à 8).

Nicodème connaît beaucoup de choses sur Dieu. Après avoir bien observé et écouté Jésus, Nicodème vient lui avouer qu'il est prêt à le croire envoyé par Dieu. Nicodème s'engage donc sur la voie d'une conversion. Il interroge Jésus sur le moyen « d'entrer dans le Royaume de Dieu », comment devenir un homme juste « aux yeux » de Dieu.

Jésus engage alors Nicodème à naître de nouveau. Nicodème n'y comprend rien. Quand on est vieux, on ne peut pas retourner dans le ventre de sa mère et naître une nouvelle fois ! Alors Jésus précise qu'il s'agit d'une autre naissance. On ne devient pas enfant de Dieu par sa propre force. Il s'agit de se laisser recréer, comme dans le récit de la création lorsque le souffle de Dieu plane au-dessus des eaux pour que la vie jaillisse, de se laisser re-susciter, re-naître. Et cette nouvelle naissance est l'œuvre de l'Esprit de Dieu. La première fois qu'on respire, c'est notre naissance. Respirer le souffle de Dieu, c'est naître à nouveau, se laisser pénétrer par l'Esprit de Dieu comme par une inspiration, c'est renaître.

Nicodème est très étonné. Même pour un savant, les paroles de Jésus sont très difficiles. Alors, comme pour le consoler, Jésus compare encore l'Esprit de Dieu au vent. On sent le souffle de la brise sur la peau. On entend son murmure lorsqu'il joue avec les feuilles des arbres. On voit battre le linge qui sèche et fuir les nuages. Mais on ne peut pas prendre le vent dans ses mains. Le vent, on ne sait pas d'où il vient ni où il va. L'Esprit de Dieu est aussi insaisissable que la brise qui revigore. Le souffle de Dieu fait vivre mais on ne peut se l'approprier, le retenir ni le garder. Dieu reste mystérieux.

Dieu en trois personnes, une leçon d'amour

Parler d'un Dieu unique en trois personnes le rend plus que mystérieux, énigmatique. Alors, on dit : « Dieu est Amour » et on croit mieux comprendre. Pourtant c'est peut-être la foi en un Dieu en trois personnes qui nous aide à comprendre ce qu'est l'amour.

On sait bien qu'en amour il faut forcément être deux : celui qui aime et celui qui est aimé et réciproquement. Mais, quand on est deux à s'aimer, qu'il s'agisse d'une amitié, d'une relation amoureuse dans un couple, d'une relation entre parent et enfant, on sent bien qu'on risque de se complaire dans un amour exclusif.

C'est le rêve d'être tout l'un pour l'autre, ce rêve de posséder totalement l'autre au risque de n'en faire que le prolongement de soi-même ou son complément, au risque de ne s'aimer que soi-même dans l'autre, histoire de se faire du bien. Et le rêve tourne vite au cauchemar car si on ne fait qu'un avec celui ou celle qu'on aime, on est en pleine confusion, on n'existe plus vraiment, on est dévoré ou dévorant. Ce n'est plus de l'amour.

Serait-ce un risque même pour Dieu ? Si Dieu est l'amour parfait, c'est qu'en Dieu le fait d'être tout l'un pour l'autre et le fait de rester différents coexistent. Si Dieu est Amour, en Dieu l'amour est réussi, il n'y a pas de possibilité de repliement sur soi ni de confusion. Le Saint-Esprit c'est l'amour entre le Père et le Fils qui devient une personne. Le Saint-Esprit, c'est l'amour fait personne.

Récapitulons ! L'Esprit c'est l'amour en personne. L'Esprit c'est l'inspiration que Dieu met en nous pour nous révéler qui il est. L'Esprit, c'est l'atmosphère de Dieu que l'homme respire pour vivre et le souffle qui nous suscite, nous ressuscite et nous fait naître comme enfants de Dieu.
Il y a de quoi être étonné !

Dieu est dans le vent

Il y a aussi de quoi rester perplexe lorsqu'il s'agit de répondre à un enfant qui questionne sur le Saint-Esprit.

On peut reprendre l'histoire de Nicodème, savant qui semble ne pas bien comprendre et qui, du coup, excuse nos propres incompréhensions ! Les enfants connaissent le souffle léger du vent qui soulève les cheveux et caresse le visage. Ils oublient qu'ils respirent pour vivre mais ils aiment bien découvrir la buée que fait leur respiration sur une vitre.
Puis, une fois rappelées ces expériences, vient le temps de laisser l'enfant saisir en lui comme un souffle de vie

qui viendrait d'ailleurs, de deviner comme une présence discrète de Dieu.

Il aura peut-être envie de retenir ce moment. Il saura alors qu'il est impossible de retenir Dieu, aussi insaisissable qu'une brise rafraîchissante. Mais que sa présence engendre toujours le désir de plus de présence.

Et ce désir, c'est déjà l'Esprit de Dieu qui est là, avec l'enfant.

VII

Si Dieu est bon, pourquoi les tremblements de terre ?

Comment croire en Dieu-Amour en dépit des malheurs

Tremblements de terre, cyclones, glissements de terrain, raz de marée, éruptions volcaniques… engloutissent bêtes et humains, jeunes et vieux, bons et méchants, aveuglément. C'est la faute à personne. Ces malheurs-là, on les subit et c'est tout. C'est tragique, intolérable, injuste, scandaleux, révoltant !

De quoi avons-nous l'air, nous les chrétiens qui affirmons que Dieu est « le Père tout-puissant, créateur* du

---

* Créateur : celui qui fait être, celui qui fait naître. Les croyants appellent Dieu « créateur du ciel et de la terre ». Cela veut dire que Dieu fait vivre tout ce qui existe, que Dieu aime tout ce qui vit.

ciel et de la terre » ? S'il est un « Père », pourquoi nous abandonne-t-il aux malheurs ? S'il est tout-puissant, pourquoi n'empêche-t-il pas les catastrophes de se produire ? S'il est le créateur de tout ce qui existe, est-il aussi le créateur du mal ?

Peut-on plaider en faveur de Dieu, tenter de l'innocenter ou bien n'est-il pas plus raisonnable de nier son existence ?
Nos enfants posent là une question terrible pour la foi.

Une question qui en cache d'autres

Quand se produit un malheur important, il est montré à la télé, étalé dans les pages des magazines. Nos jeunes enfants y sont confrontés comme tout le monde et, comme tout le monde, ils réagissent.

• « C'est triste ! Ça fait du chagrin ! » Autrement dit : « Est-ce que moi je peux être heureux alors que je vois des gens malheureux ? » Ils sont émus par la souffrance d'autrui. Loin d'y être insensibles, ils éprouvent de la sympathie, de la compassion. Or, moins on est insensible, plus on est humain.

• « Pourquoi ? » Pourquoi le malheur existe-t-il ? D'où ça vient ? Y a-t-il une raison ? Y a-t-il une force mystérieuse, un diable (cf. question n°15) ? Est-ce la faute de quelqu'un (cf. question n°16) ?
La plupart des choses s'expliquent et quand une chose s'explique, on la maîtrise. Peut-on maîtriser les malheurs ? Y a-t-il des choses qu'on ne peut pas comprendre ?

• « C'est pas juste ! » Face à un malheur inattendu, les enfants se demandent soudain ce qui est juste et ce qui ne l'est pas. « Pourquoi ce bébé est-il né handicapé et moi en bonne santé ? » La justice n'est-elle pas l'égalité des chances ?

De plus, la révolte d'un enfant contre le malheur et son horreur du mal sont une preuve qu'il a en lui une espèce de vocation pour le bonheur. Son indignation nous révèle et lui fait découvrir qu'il désire le bonheur. Mais d'où vient ce désir ? Où prend-il sa source ?

• « Et moi ? » Les malheurs n'arrivent-ils toujours qu'aux autres ou est-ce que je risque la même catastrophe ? Un jeune enfant se sait fragile et vulnérable. Il exprime ce besoin infantile d'être protégé que nous gardons toujours enfoui en nous. Et voilà qu'une catastrophe lui montre que les protecteurs les plus naturels et les plus fiables, les parents, sont impuissants, incapables d'enrayer un vrai malheur. Ils en sont victimes, aux côtés des petits. Quant à Dieu, le dernier recours, le « Père du ciel », il n'a pas évité la catastrophe. Était-il absent, ailleurs ? Dieu ne peut-il pas être partout à la fois ?

Ou bien ne sommes-nous pas importants pour lui ?

Ou bien n'est-il pas assez fort pour nous éviter les malheurs ? Mais alors est-ce qu'il est Dieu quand même ? À qui se fier ?

Des essais pour justifier le mal

La question du mal se pose depuis l'origine et ce n'est pas un hasard si la Bible place au centre du « Paradis terrestre » l'arbre de la connaissance du bonheur et du malheur.

Le Seigneur Dieu planta un jardin en Eden, à l'orient, et il y plaça l'homme qu'il avait formé. Le Seigneur Dieu fit germer du sol tout arbre d'aspect attrayant et bon à manger, l'arbre de vie au milieu du jardin et l'arbre de la connaissance du bonheur et du malheur (Livre de la Genèse, chapitre 2, versets 8 et 9).

Tout au long de leur histoire, les croyants ont tenté de justifier le mal, de lui trouver des raisons pour justifier Dieu :

• « C'est le Bon Dieu qui nous punit. » Autrement dit, les malheurs sont des châtiments mérités.

• « Il faut souffrir pour être beau. » C'est dire que les malheurs et la souffrance qu'ils entraînent nous feraient « grandir », nous purifieraient. L'expérience du mal nous donnerait un regard plus humain.
L'homme est un apprenti, la douleur est son maître
Et nul ne se connaît tant qu'il n'a pas souffert
(Musset).

• « La fin justifie les moyens » : si l'on fait l'hypothèse que l'humanité, globalement, progresse lentement vers le bien et le bonheur, les malheurs deviennent des accidents de parcours. L'essentiel est alors de ne pas se laisser aveugler : les malheurs sont au bonheur ce que les ombres sont à la lumière dans un tableau de Rembrandt : ils la font ressortir, ils la mettent en valeur.

• « Laissez-le faire sa propre expérience. C'est en mettant le doigt sur la flamme qu'il apprendra que le feu brûle. » Dieu nous a créés libres et tous nos maux seraient dus aux tâtonnements de notre liberté. Nous, les parents, savons bien que le plus dur de l'éducation, c'est non seulement d'admettre mais de se réjouir que nos enfants puissent penser et vivre autrement que nous souhaitons. Dieu s'est ainsi « désapproprié » de sa création. Nous ne sommes pas des robots à faire le bien manœuvrés par une main divine. A nous de « jardiner » la terre, au risque d'en faire un monde de domination plutôt que de partage, un enfer plutôt qu'un paradis.

Il y a du vrai dans chacune de ces affirmations, mais qui oserait dire à un enfant qui a perdu ses parents dans un tremblement de terre : « Ce chagrin est une épreuve dont tu vas sortir grandi », ou : « Ton malheur n'est que l'ombre qui met la lumière en valeur » ?

Non, devant des victimes de malheurs, on ne peut que se taire ou se révolter, comme le héros de Dostoïevski, Ivan Karamazov, lorsqu'il affirme : *Quand bien même l'immense fabrique de l'univers apporterait les plus extraordinaires merveilles et ne coûterait qu'une seule larme d'un seul enfant, moi je refuse !* (Les Frères Karamazov).

Lutter contre le malheur nous apparente à Dieu

La question que posent nos enfants est un des arguments les plus puissants de l'athéisme. Rien ne peut justifier la souffrance d'un seul innocent.

Le malheur, c'est ce qui nous atteint, nous fait mal et nous révèle le goût inaltérable que nous avons pour le bonheur. Alors, peut-être faut-il finalement renoncer à trouver au mal une explication, une fonction, un but. Le mal n'est pas fait pour être compris. Et d'ailleurs peut-être pouvons-nous dire aux enfants que nous ne comprenons pas tout, les aider à sortir de l'illusion que l'intelligence adulte maîtrise tout.

L'essentiel est de le combattre. Et, plutôt que de chercher en Dieu la justification du mal ou d'opposer Dieu et le mal, c'est peut-être au cœur même de notre protestation contre le mal que nous pouvons retrouver Dieu : si nous nous indignons avec une telle force, n'est-ce pas à cause de cette « vocation pour le bonheur » qui est gravée au fond de nous comme une trace divine ?

Il n'y a qu'à voir la façon dont Job se rétracte (Livre de Job, chapitre 42) :

Job dit au Seigneur : Je sais que tu peux tout et qu'aucun projet n'échappe à tes prises. « Qui est celui qui dénigre la providence sans y rien connaître ? » Eh oui ! J'ai abordé, sans le savoir, des mystères qui me confondent. « Écoute-moi, disais-je, à moi la parole, je vais t'interroger et tu m'instruiras. » Je ne te connaissais que par ouï-dire, maintenant, mes yeux t'ont vu. Aussi, j'ai horreur de moi et je me désavoue sur la poussière et sur la cendre.

Notre révolte ne serait-elle pas l'écho de la révolte de Dieu ? Non seulement Dieu ne se tait pas devant la souffrance – tout au long de la Bible, on découvre que Dieu souffre des malheurs qui ravagent la terre – mais il souffre des souffrances de son peuple comme un père ou une mère souffrent de la souffrance de leurs enfants.

Par exemple, dans le « Buisson Ardent », Dieu dit à Moïse : *J'ai vu la misère de mon peuple en Égypte et je l'ai entendu crier sous les coups de ses gardes-chiourme. Oui, je connais ses souffrances* (Livre de l'Exode, chapitre 3, verset 7).

À ceux qui demandent des comptes, la réponse de Dieu, c'est Jésus, cloué sur une croix. Jésus qui souffre dans son corps, Jésus qui souffre de la haine de ses ennemis, de l'abandon de ses amis, de l'angoisse de la mort.

Jésus ne donne pas d'explication au mal. Il le subit, comme chacun de nous, sans tricher. Il n'explique pas la souffrance, il la partage. Par Jésus, notre souffrance est devenue la souffrance de Dieu. Dieu est crucifié par le malheur. Il ne le fait pas disparaître, il en souffre avec nous. Dieu et nous sommes frères dans le malheur.

Et lutter contre le malheur, c'est peut-être ce qui montre le plus notre parenté avec Dieu. Lutter contre les malheurs, c'est peut-être se montrer à la hauteur de notre affinité avec Dieu.

La foi ne peut pas supprimer les malheurs. Nous ne croyons pas en Dieu pour expliquer le mal mais en dépit du mal. Simplement, le malheur nous fait horreur comme il fait horreur à Dieu. Et lorsque les chrétiens croient, contre toute apparence, que le bonheur finira par l'emporter sur le malheur comme la vie sur la mort, ce n'est pas seulement folie ou fuite dans une illusion consolatrice. C'est la marque qu'ils sont de la race de Dieu.

Qu'en dire aux enfants ?

Les malheurs ? Ils ne devraient pas exister et je ne peux pas te dire pourquoi ils existent. Ne rêvons pas que nous serons épargnés. Mais tâche de te battre contre le malheur à chaque fois que tu le peux.

Parfois, tu auras l'impression que tu n'en sortiras jamais parce que, même quand tu gagnes la bataille contre les malheurs, il reste toujours des choses qui font mal.

Mais souviens-toi, tout au fond de leur malheur, des gens choisissent de faire confiance à Dieu à cause de Jésus parce que, lui aussi, il a connu le malheur et toute sa vie il a voulu le combattre. Il a dit que la vie et l'amour sont plus forts que le mal.

Souviens-toi, tout au fond du malheur, il y a une place encore pour cette espérance* : Dieu t'invite au plaisir de vivre.

---

* Espérance : attente. L'espérance de tout le monde, c'est d'être heureux. Mais on n'est pas parfait, beaucoup de gens souffrent et le monde ne va pas très bien. Les chrétiens croient que Dieu veut le bonheur de tous. Ils disent : Dieu espère en nous. L'amitié qu'on vit maintenant avec Dieu ne peut pas mourir. C'est là leur espérance.

VIII

Pourquoi Dieu ne me fait pas tout réussir ?
Comment croire en Dieu tout-puissant en dépit des échecs

Voilà, c'est tout raté. Le gâteau est brûlé. L'assiette je l'ai cassée, et mon dessin je l'ai taché. Il pleut sur le pique-nique. J'ai encore eu peur du chien, je n'ai pas tenu ma promesse. Maman n'est pas arrivée à temps...

Les petits ratages ponctuent de déceptions la vie des enfants autant que la nôtre. Les gros échecs ou les sacrifices consentis pour obtenir des réussites peuvent aboutir à de véritables drames. Car réussites, succès, victoires, triomphes désignent à tout âge des critères de valeur.

69

Vouloir réussir rend vivant. Réussir rend heureux. Alors pourquoi Dieu qui nous veut heureux et vivants ne nous aide-t-il pas à tout réussir ?

On n'est pas tout-puissant

Un petit enfant est souvent insatisfait. Il en veut toujours plus : être plus grand, plus fort, courir plus vite, sauter plus loin. Il voudrait pouvoir tout faire, tout réussir, « moi tout seul », comme il dit. Il veut vivre plus intensément. Cette insatisfaction de ce qu'il est, ce désir de plénitude, le pousse en avant.

Mais, en même temps, le monde de l'enfance est celui de la faiblesse et de la précarité. Un enfant sait bien qu'il est encore trop petit pour faire telle ou telle chose. S'il croit encore que les adultes peuvent tout réussir, il sait bien que lui ne le peut pas. Et il n'a pas besoin, comme eux, de camoufler sa fragilité derrière les masques de la puissance et du pouvoir.

Alors il connaît déjà tout de ce qui fait un être humain : sa faiblesse et son désir de plénitude. Mais il ne sait pas encore que c'est le propre de chacun.

Comment, sans briser son élan, lui dire qu'être vraiment humain, c'est renoncer à tout réussir ?

Ah, les jolies colères lorsqu'un petit enfant découvre que ses parents qui, pourtant, satisfont la plupart de ses demandes, n'ont pas forcément les mêmes désirs que lui ! Il arrive que, même pour son bien, ils veuillent tout autre chose. Alors, il proteste, crie sa déception et sa fureur qu'on n'exauce pas tous ses désirs.

S'il se faisait tout petit, bien sage, conforme aux désirs de son père et de sa mère, il ne saurait peut-être jamais ce qu'est vraiment vouloir ni pour lui ni pour quelqu'un d'autre. Il n'attendrait plus rien.

Il en est de même avec Dieu. Voilà que lui non plus ne fait pas ce qu'on veut. Voilà qu'avec Dieu aussi il peut y avoir des conflits. C'est donc que Dieu n'est pas « comme moi ». C'est donc que Dieu n'est pas « moi-même », qu'il n'est pas un prolongement de moi-même, version réussie. C'est donc que Dieu est un autre, qu'il est différent. Mais alors lui aussi il doit avoir des désirs, ses désirs...

De la montagne du Carmel à la montagne du Sinaï

Comme les enfants qui cherchent une aide pour « réussir » au-delà de leurs limites, les hommes ont toujours cherché instinctivement une puissance capable de réaliser leurs espérances. Même dans la Bible, on découvre cette recherche d'un « dieu-prothèse » qui permettrait de tout réussir.

Ainsi l'histoire du grand prophète Élie montre bien la conversion que les croyants ont dû faire pour passer de leur rêve d'un dieu tout-puissant à la foi en Dieu, différent, une conversion qui est toujours à recommencer (1er Livre des Rois, chapitres 17, 18 et 19)C'était au temps du roi Achab et de la reine Jézabel. Deux camps s'opposaient. D'un côté le couple royal et les prophètes du dieu cananéen Baal. De l'autre Élie, prophète du Dieu d'Israël. L'enjeu était le peuple. Quel dieu allait-il choisir ? Élie décida de confronter Dieu et Baal et de prouver que le Dieu d'Israël était le plus fort (ce qui lui permettrait de se présenter comme le représentant du Dieu le plus fort !). Un jour, chaque camp prépare tout ce qu'il faut pour offrir un jeune taureau en sacrifice à son dieu. Puis, Baal et Dieu sont mis au défi d'allumer le bûcher pour prouver leur puissance. Du côté des prophètes de Baal, c'est l'échec, le feu ne prend pas. À son tour, Élie prie et c'est un succès, le feu de Dieu brûle l'offrande. Son Dieu est donc bien le plus fort. Le peuple se rallie à lui. Élie fait massacrer les 850 prophètes de Baal et devient conseiller du roi. Ce n'est pas une réussite, c'est un triomphe.

Tout fonctionne comme si non seulement Élie, mais aussi les auteurs de ce récit voulaient présenter Dieu comme un super-Baal, une super-idole capable de réussir ce que les hommes lui demandent.

Mais il y a une suite. La reine Jézabel menace Élie de le tuer. Il s'enfuit et accomplit une vraie traversée du désert jusqu'au Sinaï où Dieu a fait alliance avec le peuple d'Israël en exode au temps de Moïse. Élie se découvre coupable d'avoir utilisé Dieu pour réussir sa carrière de prophète puissant. Par goût du pouvoir, il a joué avec Dieu. Désormais, Élie est prêt à reconnaître Dieu comme il est, à laisser Dieu être ce qu'il est. Alors Dieu va faire la vérité pour Élie. Il va passer. Mais d'abord il fait défiler tous les attributs dont les hommes parent leurs dieux imaginaires, tout ce qu'il n'est pas : l'orage, Dieu n'est pas dans l'orage comme Baal, dieu de l'orage ; un tremblement de terre, Dieu n'est pas là ; le feu, Dieu n'est pas dans le feu. Et Dieu passe dans le murmure d'un souffle ténu, faible, insaisissable.

Désormais, Élie sait qu'on ne peut pas utiliser Dieu pour faire réussir ses désirs de pouvoir.

Ainsi, si la religiosité a toujours fait désirer un dieu tout-puissant au service des hommes, l'histoire d'Élie dévoile un Dieu discret et... peu fracassant ! *

« Mon Dieu, pourquoi m'as-tu abandonné ? »

Jésus lui-même, après une période de réussite, connaît l'échec. Beaucoup ne l'ont suivi que tant qu'il faisait des prodiges. Ses apôtres sont lents à croire et vont l'abandonner. Son peuple qu'il aime, le peuple choisi par Dieu, le fait pleurer tant il est aveuglé. Ses chefs attendaient le Messie de Dieu qui apporterait liberté, paix, triomphe d'Israël ; ils ne voient en Jésus qu'un imposteur ayant le front de soutenir qu'il a la caution de Dieu. En accusant Jésus, ils croient honorer Dieu. Dans sa condamnation, ils lisent un jugement de Dieu. Seule une intervention miraculeuse de Dieu pourrait les convaincre : « Il en a sauvé d'autres, qu'il se sauve lui-même ! Le Messie, qu'il descende maintenant de la croix pour que nous voyions et que nous croyions ! »

Or, Dieu semble bien l'abandonner. Pour lui, comme pour nous, Dieu reste silencieux, obscur, déconcertant. Lorsque Jésus crie : *« Abba »* au Jardin des oliviers comme un enfant en détresse appelle ses parents, Dieu ne répond pas. Lorsque Jésus appelle : « Eloï, Eloï, pourquoi m'as-tu abandonné ? », sur la croix, rien ne se passe. Jésus aurait-il la même image de Dieu tout-puissant et protecteur que tout le monde ?

---

* Tout ce paragraphe est inspiré du livre de F. Varone, *Ce Dieu censé aimer la souffrance*, Cerf, 1984.

Pourtant, il refuse de lui faire jouer le rôle d'un sauveteur qui transformerait miraculeusement les échecs en réussites : « Père, à toi tout est possible, écarte de moi ces souffrances. Pourtant que ta volonté soit faite, non pas ce que je veux mais ce que tu veux. »

« Voici l'homme »

Lorsque Pilate désigne Jésus par ces mots, on peut y entendre : « Voici ce qu'est un homme. » Avec Jésus, ce ne sont pas seulement nos idées sur Dieu qui sont bouleversées, mais aussi nos idées sur nous-mêmes.

On peut dire que les quatre évangiles sont quatre portraits de Jésus dans leur ensemble mais il en existe un plus précis, plus bref en deux versions (selon Matthieu, chapitre 5, versets 1 à 12 ; selon Luc, chapitre 6, versets 20 à 26). Ce sont les « Béatitudes » (appelées ainsi parce que les phrases commencent par « heureux », *beatus* en latin) : « Heureux les pauvres, heureux les doux, heureux ceux qui pleurent… » Elles sont souvent lues comme un programme à suivre pour être parmi les élus dans le Royaume de Dieu. D'autres y voient une invitation à la résignation, une consolation pour calmer une révolte des malchanceux ou encore un idéal parfaitement utopique. En fait, les Béatitudes expriment l'expérience de Jésus. Traçant son portrait, elles tracent le nôtre. Les Béatitudes disent ce qu'est, selon Jésus, un être humain réussi. Elles n'ont peut-être pas grand-chose à voir avec ce qu'on appelle d'habitude la réussite. Pourtant, le peu que nous vivons de ces Béatitudes nous permet d'entendre ce que dit Jésus, de comprendre que c'est dans la part de nous-mêmes qui est douce, tendre, sensible, simple qu'il y a un être humain réussi selon Dieu. En écoutant ces paroles, on découvre ce dont on est capable, qui on est et ce qui nous rend vraiment heureux.

La réussite, tout réussir, c'est devenir humain comme l'est Jésus, c'est devenir ce qu'est Jésus, Jésus qui est homme et Dieu.

Dieu ne nous aide pas à tout réussir, Dieu nous aide à nous réussir

« Pourquoi Dieu ne m'aide-t-il pas à tout réussir ? » Tu sais bien que tu ne peux pas tout réussir, comme tu ne peux pas tout faire, et pourtant ce ne sont pas les envies qui te manquent ! Mais, même si tu le lui demandes, je ne crois pas que Dieu va t'aider à tout réussir. Ce n'est pas qu'il ne t'entend pas. Mais, d'abord, il a trop de respect pour toi pour faire les choses à ta place et te manœuvrer comme une marionnette. Ensuite, tu sais, nous les parents, il y a bien des fois où nous voudrions faire les choses à la place de nos enfants, donner le petit coup de pouce nécessaire pour les faire réussir, mais ça ne vous aiderait pas à grandir. Je suis sûre qu'il y a beaucoup de parents qui voudraient se mettre à la place de leur enfant quand il souffre, quand il est malade. Ils donne-raient n'importe quoi pour avoir mal à sa place et qu'il soit épargné. Ce n'est pas possible. L'amour des parents pour leurs enfants passe par la mort d'un beau rêve : être sûr de faire leur bonheur.

Eh bien, je crois que pour Dieu c'est pareil. Il ne se mettra pas à ta place quand tu rateras et il ne te fera pas tout réussir. Mais, malgré tes échecs, il ne te regarde pas de haut et il est ton allié pour toujours. Par contre, je crois très fort que, si tu le lui demandes, il t'aidera à réussir ta vie. L'amitié de Dieu, c'est de nous aider à découvrir ce qu'on souhaite vraiment, nos espérances les plus profondes, ce qui fait le cœur du cœur de notre vie, et de nous montrer le chemin pour y arriver.

Simplement, je ne suis pas sûre que Dieu appelle toujours réussites les mêmes choses que toi. J'ai envie de te raconter un épisode de la vie de Jésus qu'il considère comme une très grande réussite. Écoute : *Jésus sait que ses ennemis veulent le faire mourir. Le soir, il est avec ses amis pour manger avec eux. Au début du repas, Jésus se lève de table et, comme un serviteur, il noue un torchon autour de sa taille. Il remplit une bassine d'eau et il commence à laver les pieds de ses amis puis à les essuyer. Pierre ne veut pas : « Toi, le maître, le Seigneur, tu ne vas tout de même pas me laver les pieds ! » Jésus répond : « Pierre, maintenant tu ne comprends pas, mais plus tard, tu comprendras ! Si je ne te lave pas tu seras séparé de moi ; tu ne partageras pas ma vie avec Dieu. » Pierre dit : « Alors, maître, ne lave pas mes pieds seulement, mais aussi mes mains et ma tête. » Quand Jésus a fini, il retourne à table. Il demande : « Vous comprenez pourquoi j'ai fait cela ? Vous m'appelez le maître et je vous ai lavé les pieds comme un serviteur. C'est un signe : je vous aime comme mes frères et je vous aimerai jusqu'au bout. Celui qui aime comme Dieu aime devient serviteur de ses frères. Ce que je fais, refaites-le. »*

IX

Si Jésus est vivant, alors où est-il ?

À la découverte d'une présence mystérieuse

« Dieu a ressuscité Jésus des morts ; Jésus Christ est vivant. »

Lorsque nous annonçons à un enfant « plein de vie » ce qui fait le cœur de notre foi, ne soyons pas surpris de son étonnement. D'habitude, quand les gens sont vivants, on peut les rencontrer, s'adresser à eux et en recevoir une réponse. Ils ont une adresse. Il y a un lieu où les toucher. Ceux qu'on ne trouve plus, ceux qui manquent, souvent cruellement, ce sont les morts.

Alors, les questions surgissent tout naturellement : « Si Jésus est vivant, où est-ce qu'il habite ? Où le chercher ? Où le trouver ? »

L'inquiétude de l'absence

Il n'est pas encore très loin, pour un jeune enfant, le temps où l'absence momentanée de sa mère faisait de lui un orphelin, le temps où « loin des yeux » signifiait « inexistant » ; pas loin non plus le temps où il suffisait qu'il appelle pour qu'on accoure. Aussi n'est-il pas anormal qu'il se dise : « Si j'appelle Jésus, il va se montrer » et s'inquiète de son absence : « S'il ne se montre pas, alors où est-il ? »

Cela signifie d'abord qu'il croit Jésus vivant. Cela signifie aussi qu'il s'interroge sur son absence : si Jésus ne se montre pas alors qu'on souhaite sa présence de tout son cœur, c'est peut-être qu'il refuse d'obéir, de se mettre à disposition, d'entrer dans le jeu à la place qu'on lui désigne, d'apporter son aide. C'est décevant et incompréhensible ! Si Jésus ne se montre pas, est-ce pour nous surveiller en cachette ? Nous juger puis nous punir ? Quelle angoisse !

Nos enfants ne sont pas les premiers à s'interroger sur cette étrange absence-présence du ressuscité… et nous non plus !

Après un moment d'apathie due au choc de la mort de Jésus, ses disciples dispersés se sont regroupés et ont repris vie car ils ont découvert un nouveau mode de relation avec leur maître. D'habitude, quand quelqu'un qu'on aime meurt, comme « par-dessus » la mort, on essaie avec la force de l'imagination de retrouver le disparu vivant.

Or, avec Jésus, un phénomène nouveau se produit : le Vivant prend les devants. Il vient à ses amis.

Le soir de ce même jour qui était le premier de la semaine, alors que, par crainte des juifs, les portes de la maison où se trouvaient les disciples étaient verrouillées, Jésus vint, il se tint au milieu d'eux et il leur dit : « La paix soit avec vous. » Tout en parlant, il leur montra ses mains et son côté. En voyant le Seigneur, les disciples furent tout à la joie...

Cependant Thomas, l'un des Douze, celui qu'on appelle Didyme, n'était pas avec eux lorsque Jésus vint. Les autres disciples lui dirent donc : « Nous avons vu le Seigneur ! » Mais il leur répondit : « Si je ne vois pas dans ses mains la marque des clous, si je n'enfonce pas mon doigt à la place des clous et si je n'enfonce pas ma main dans son côté, je ne croirai pas ! » Or huit jours plus tard, les disciples étaient à nouveau réunis dans la maison et Thomas était avec eux. Jésus vint, toutes portes verrouillées, il se tint au milieu d'eux et leur dit : « La paix soit avec vous. » Ensuite il dit à Thomas : « Avance ton doigt ici et regarde mes mains ; avance ta main et enfonce-la dans mon côté, cesse d'être incrédule et deviens un homme de foi. » Thomas lui répondit : « Mon Seigneur et mon Dieu. » Jésus lui dit : « Parce que tu m'as vu, tu as cru ; bienheureux ceux qui, sans avoir vu, ont cru » (Évangile selon Jean, chapitre 20, versets 19 à 29) .

Jésus se manifeste d'abord de façon visible, avec son corps, pour se faire reconnaître, puis après sa disparition définitive, par son Esprit. Et les disciples continuent à faire l'expérience de sa présence de façon inédite.

Les évangélistes ont cherché à transmettre cette foi des premiers chrétiens sans pour autant gommer l'aspect presque incroyable de leurs expériences. Les récits des évangiles portent la trace de leur difficulté à rendre compte de la mystérieuse présence de Jésus Christ. Et on a l'impression, en les lisant, que les chrétiens du Ier siècle auraient pu dire non pas : « Si Jésus est vivant, où est-il ? », mais : « Jésus est vivant avec nous, mais nous ne savons pas comment. »*

Tout au long de l'histoire des chrétiens

Peu à peu, pour exprimer l'inexprimable, les chrétiens se sont donné un vocabulaire. Chacune de leurs réponses reste imparfaite et limitée ; pourtant chacune contient sa part de vérité. « Si Jésus est vivant, où est-il ? »

• Au paradis ?
Jésus l'a dit lui-même au brigand crucifié en même temps que lui : « Aujourd'hui, tu seras avec moi dans le paradis. »
Mais nul ne sait où est le paradis. Le « paradis » est un mot perse qui signifie « parc ». La Bible utilise ce mot dans le deuxième récit de création pour désigner le jardin où Dieu place l'homme et la femme. C'est l'image servant à annoncer que Dieu a créé le monde bon et a promis aux humains qu'ils seraient heureux. Personne n'a trouvé cet endroit merveilleux, façon imagée de dire le bonheur que Dieu nous souhaite.

---

* Vous pouvez lire dans votre Bible :
• Les récits du tombeau ouvert : Matthieu, chapitre 28, versets 1 à 15 ; Marc, chapitre 16 ; Luc, chapitre 24 ; Jean, chapitre 20.
• Des récits des apparitions de Jésus, par exemple : Marc, chapitre 16, versets 11 à 15 ; Luc, chapitre 24 ; Jean, chapitre 20.

• Aux cieux, comme le dit le « Je crois en Dieu » : « Il est monté aux cieux. Il est assis à la droite du Père » ? Mais ces cieux-là ne sont pas le vaste espace vide et vertigineux d'entre les étoiles. Le ciel, les cieux, c'est l'enveloppe de la terre. Pour les anciens, le ciel était le toit de la terre. Au-dessus, il y avait encore les cieux invisibles et mystérieux d'où venaient la lumière et la pluie. Appeler Dieu « roi du royaume des cieux », ce n'est pas croire que Dieu habite dans les nuages. C'est une façon poétique de dire que Dieu est mystérieux, infiniment grand (on ne voit pas la fin des cieux) et toujours présent (le ciel est toujours à l'horizon). Ces cieux-là sont aussi un mot-image, manière concrète de dire que Dieu est le « Très Haut » et que Jésus lui est intimement associé... (Raison supplémentaire pour ne pas le « voir » plus que Dieu !)

• Dans notre cœur ?
Mais nous savons tous que le cœur n'est qu'un muscle plein de sang même s'il symbolise la vie qui nous habite, le battement de nos amours ou la violence de nos dégoûts.

• Auprès des faibles, des pauvres, des derniers ?
Auprès du petit qui a besoin des autres pour manger, boire, s'habiller, apprendre ? Auprès de celui qui est petit parce qu'il n'est pas de taille à se faire une place ? De celui qui est petit parce que d'autres le rapetissent en le méprisant, ou parce que le poids des malheurs l'empêche de se redresser, ou parce qu'une maladie le rend aussi fragile qu'un bébé... ?
Jésus lui-même s'est identifié à tous ceux-là.
(Dans votre Bible : l'Évangile selon Matthieu, chapitre 25, versets 31 à 46.)

81

• Dans l'église ?

Bien sûr, on dit qu'on vient y rencontrer Jésus. Pourtant l'église n'est pas la maison de Jésus – (même si les jeunes enfants prennent souvent le prêtre pour Jésus (voir question n°12) –, mais celle des chrétiens.

Et justement, lorsque des chrétiens se rassemblent, on dit d'eux qu'ils sont « le corps du Christ » et ils sont sûrs que « la tête » est au milieu d'eux : « Christ est là. » Tâchant de vivre à la manière de Jésus, dans son Esprit, ils continuent la vie de Jésus, ils manifestent que Jésus est vivant.

Jésus sur la route d'Emmaüs et aujourd'hui

Et voici que, ce même jour, deux d'entre eux se rendaient à un village du nom d'Emmaüs, à deux heures de marche de Jérusalem.

Ils parlaient entre eux de tous ces événements. Or, comme ils parlaient et discutaient ensemble, Jésus lui-même les rejoignit et fit route avec eux ; mais leurs yeux étaient empêchés de le reconnaître.

Il leur dit : « Quels sont ces propos que vous échangez en marchant ? » Alors ils s'arrêtèrent, l'air sombre. L'un d'eux, nommé Cléopas, lui répondit : « Tu es bien le seul à séjourner à Jérusalem qui n'ait pas appris ce qui s'y est passé ces jours-ci ! » – « Quoi donc ? » leur dit-il. Ils lui répondirent : « Ce qui concerne Jésus de Nazareth, qui fut un prophète puissant en action et en parole devant Dieu et devant tout le peuple : Comment nos grands prêtres et nos chefs l'ont livré pour être condamné à mort et l'ont crucifié ; et nous, nous espérions qu'il était celui qui allait délivrer Israël. Mais, en plus de tout cela, voici le troisième jour que ces faits se sont passés. Toutefois, quelques femmes qui sont des nôtres nous ont boule-versés : s'étant rendues de grand matin au tombeau et n'ayant pas trouvé son corps, elles sont venues dire qu'elles ont même eu la vision d'anges qui le déclarent vivant. Quelques-uns de nos compagnons sont allés au tombeau et ce qu'ils ont trouvé était conforme à ce que les femmes avaient dit ; mais lui, ils ne l'ont pas vu. » Et lui leur dit : « Esprits sans intelligence, cœurs lents à croire tout ce qu'ont déclaré les prophètes ! Ne fallait-il pas que le Christ souffrît cela et qu'il entrât dans sa gloire ? » Et, commençant par Moïse et par tous les prophètes, il leur expliqua dans toutes les Écritures ce qui le concernait.

Ils approchèrent du village où ils se rendaient, et lui fit mine d'aller plus loin. Ils le pressèrent en disant : « Reste avec nous car le soir vient et la journée déjà est avancée. » Et il entra pour rester avec eux.

Or, quand il se fut mis à table avec eux, il prit le pain, prononça la bénédiction, le rompit et le leur donna. Alors leurs yeux furent ouverts et ils le reconnurent, puis il leur devint invisible. Et ils se dirent l'un à l'autre : « Notre cœur ne brûlait-il pas en nous tandis qu'il nous parlait en chemin et nous ouvrait les Écritures ? »

À l'instant même, ils partirent et retournèrent à Jérusalem ; ils trouvèrent réunis les Onze et leurs compagnons, qui leur dirent : « C'est bien vrai ! Le Seigneur est ressuscité, et il est apparu à Simon. »

Et eux racontèrent ce qui s'était passé sur la route et comment ils l'avaient reconnu à la fraction du pain (Évangile selon Luc, chapitre 24, versets 13 à 35).

On ne rencontre pas Jésus comme un proche sur son chemin. Pourtant, quelques jours après son enterrement, sur la route de Jérusalem à Emmaüs, Jésus s'approcha de deux pèlerins. Ils ne le reconnurent pas tant ils étaient déçus par sa mort, tant ils étaient enfermés dans leur fausse image d'un envoyé de Dieu triomphateur. Deux moments ont ouvert leurs yeux… et les nôtres :

• Jésus leur a parlé. Il leur a commenté les histoires de sa vie à la lumière de l'Ancien Testament. Il leur a éclairé les livres des prophètes de l'Ancien Testament en faisant des rapprochements avec ce qu'il avait vécu.

Ces paroles de Jésus leur ont fait chaud au cœur tout comme la lecture des Évangiles nous console ou nous inquiète, nous attendrit ou nous pousse à inventer des solutions aux problèmes de la vie.

• Jésus leur a partagé le pain. A ce signe, ils le reconnurent mais Jésus disparut à leurs yeux. Car désormais, c'est par ce signe, ce sacrement, qu'on appelle l'Eucharistie, que Jésus vivant se rend présent.

« Si Jésus est vivant, alors où est-il ? »

Vois-tu le vent ? Tu ne vois que les feuilles qui tourbillonnent. Vois-tu l'amour ? Tu ne sens que la douceur d'une caresse. Jésus vivant est invisible à nos yeux, intouchable, insaisissable. Jésus ne nous éblouit pas. Il n'en met pas plein la vue. Il se cache à la vue et se fait reconnaître par la foi. Il faut apprendre à le reconnaître et c'est un long apprentissage.

Il faut accepter de ne pas comprendre et c'est une pénible limitation.

Même lorsque les années s'accumulent, on ne sait encore pas grand-chose de la vie. Il y a sans doute une autre façon que la nôtre d'être vivant. La vie n'est pas seulement ce que l'on en connaît. La vie n'est pas ce que l'on croit.

Jésus vivant, moi non plus je ne le vois pas. Mais je vois des enfants qui le cherchent, comme toi. Et je me dis : « Serait-ce encore un signe de lui ? »

X

Le papa de Jésus, c'est Joseph ou c'est Dieu ?
Le mystère de toute paternité

Les rues sont illuminées, les maisons décorées, l'attente se donne à voir : Noël approche. Les volets des calendriers de l'avent s'ouvrent sur Marie et Joseph en partance pour Bethléem. Le temps est venu d'installer la crèche. Les enfants placent les personnages : Marie, la maman de Jésus, Joseph, son époux, qui a trouvé un abri pour sa famille, Jésus, leur nouveau-né, le Fils de Dieu.

Et soudain les choses semblent terriblement compliquées. La simplicité de la Nativité prend l'ampleur d'un mystère, celui de l'Incarnation, simplement parce qu'un enfant demande qui est, finalement, le père de Jésus.

Reprenons quelques passages des Évangiles :

Dans l'Évangile selon Matthieu (chapitre 1, versets 18 et 20 à 22) : *Voici quelle fut l'origine de Jésus Christ. Marie sa mère était accordée en mariage à Joseph... L'ange du Seigneur lui apparut en songe et lui dit : « Joseph, fils de David, ne crains pas de prendre chez toi Marie ton épouse : ce qui a été engendré en elle vient de l'Esprit saint et elle enfantera un fils auquel tu donneras le nom de Jésus. »*

Joseph a bien le rôle d'un père, celui qui donne son nom à l'enfant et l'inscrit dans une lignée. Pourtant l'ange parle de lui comme s'il n'était pas le géniteur de l'enfant.

L'Évangile selon Luc (chapitre 2) raconte que, lorsque Jésus eut douze ans, Joseph et Marie l'emmenèrent au pèlerinage annuel de Jérusalem pour fêter la Pâque. Sur le chemin du retour, ils s'aperçurent de l'absence de Jésus. Ils rebroussèrent chemin, le cherchèrent partout. Au bout de trois jours, ils le retrouvèrent au Temple, discutant de Dieu avec les maîtres. Marie lui demanda : « Pourquoi as-tu agi ainsi avec nous ? Ton père et moi nous te cherchons tout angoissés. » Il leur dit : « Pourquoi me cherchez-vous ? Ne saviez-vous pas que je dois être auprès de mon père ? » Joseph et Marie ne comprirent pas ce qu'il leur disait. Pourquoi Jésus parle-t-il de Dieu comme un fils parle de son père ?

Dans l'Évangile selon Marc (chapitre 14, versets 32 et suivants), après la Cène, son repas d'adieu, Jésus emmène ses apôtres au Jardin des oliviers. Il demande à Pierre, Jacques et Jean de veiller avec lui, mais les trois amis s'endorment. Jésus est angoissé, triste à en mourir. Seul face à l'injustice, il prie Dieu : « Abba, père… » « *Abba* » signifie « papa » en araméen, la langue parlée par Jésus. Qui peut appeler Dieu « papa » ?

Qui est donc Jésus, l'enfant de Joseph ou le Fils de Dieu ?

La profession de foi des chrétiens est précise : « Je crois en un seul Seigneur, Jésus Christ, le Fils unique de Dieu, né du Père avant tous les siècles : il est Dieu né de Dieu, engendré non pas créé, de même nature que le Père. »

Jésus est Fils de Dieu, c'est l'affirmation essentielle. Alors, pourquoi une double reconnaissance de paternité ?

Si, selon l'Évangile, Jésus n'est pas né de la rencontre charnelle entre Joseph et Marie, Joseph a pourtant accueilli cet enfant et lui a donné son nom. Il l'a enraciné dans sa lignée (celle du roi-messie David), son peuple, le peuple juif, et sa tradition. Joseph a payé de son travail la subsistance de cet enfant, l'a nourri, protégé. Joseph l'a éduqué, instruit de la loi juive, probablement initié aux tours de main de son métier de charpentier. Joseph l'a guidé, aidé à découvrir la direction de sa vie, soutenu. Joseph a appris à Jésus à devenir un homme. C'est l'aventure de tout père : accepter un enfant, l'adopter, l'élever.

Parce qu'on met quelques secondes pour engendrer un enfant ou quelques mois pour le mettre au monde, parce qu'un enfant est présent en permanence dans notre maison, on croit qu'il est à nous, qu'il nous appartient. Joseph ne peut pas être un père possessif : il n'a pas engendré son enfant. Et comme chaque enfant a besoin de le faire un jour, à douze ans, au Temple, Jésus agissant selon ce qu'il croit être sa vocation, suivant sa voie, oblige ses parents à respecter son choix, même s'ils n'y comprennent rien.

Joseph n'est pas celui que Jésus appelle : « Mon père », mais il nous montre ce qu'est un père : celui qui adopte son enfant, l'aide à se construire, lui permet de découvrir qui il est et reconnaît qu'il existe indépendamment de lui.

Pourtant, quand Jésus, adulte, crie : « Papa », c'est à Dieu qu'il s'adresse. Jésus aurait pu appeler Dieu : « Père » comme les autres juifs, pour montrer que Dieu est à l'origine de la naissance historique de leur peuple, pour affirmer que Dieu les a fait naître en les sauvant de l'esclavage en Égypte et en les faisant passer en Terre Promise.

Or, Jésus appelle Dieu : « Mon Père » ou « Papa ». Il ne s'agit pas d'un manque de respect, mais de la révélation du grand secret de sa vie : son rapport unique avec Dieu, leur intimité, leur familiarité. En appelant Dieu : « Papa », Jésus affirme qu'il connaît Dieu comme un fils connaît son père, car Dieu lui a donné la connaissance de lui-même comme un père se donne à connaître à son fils. Et ce que Jésus nous propose, c'est d'entrer dans cette connaissance. Il nous invite à être, avec lui, des fils et des filles de Dieu et à appeler Dieu « Notre Père ».

En montrant aux enfants que Joseph est le père adoptif de Jésus, en tâchant d'être des parents à la manière de Joseph, en les invitant à appeler Dieu « Notre Père », comme Jésus l'a appris à ses disciples, nous les conduisons au cœur de la foi chrétienne : un « fils d'homme » est « Fils de Dieu ».

XI

Comment la maman de Jésus peut être la mère de Dieu ?

La place de Marie dans la vie chrétienne

Les enfants font souvent connaissance avec Marie à Noël, lorsqu'ils l'installent auprès de son bébé dans la crèche. Elle est la maman de Jésus, c'est tout simple. Mais voilà qu'une fête de 15 août ou la visite d'une église, d'une chapelle, d'un lieu-dit dédié à « Notre Dame » leur laisse l'impression que Marie a un rôle important dans le monde de Dieu. Et, un jour, devant eux, quelqu'un dit : « Sainte Marie, mère de Dieu, priez pour nous. » Dieu, pour eux, est celui que Jésus appelle « mon père ». Si Marie est la mère de Dieu, elle n'est plus la mère de Jésus mais sa grand-mère !

Comment donc se compose cette famille divine ? Quels sont les liens entre cette femme et les trois autres : le Père, le Fils et le Saint-Esprit ? Et si Dieu a une mère, elle le précède, il n'est plus « le Créateur » ! Il n'est pas étonnant qu'on s'emmêle un peu et qu'il n'y ait pas accord sur Marie même entre chrétiens. Marie est-elle la divinité suprême, la « Grande Mère », origine absolue de tout ce qui vit ? Est-elle une déesse de la fécondité et de la fertilité qu'on peut prier comme l'Artémis des Grecs ? Est-elle une de ces simples mortelles dont Dieu, à la manière de Zeus, s'éprit et dont naquit un demi-dieu comme Hercule ? Est-elle une intermédiaire entre Dieu et l'humanité ?

Marie, Mère de Dieu, mère de Jésus le Christ

L'histoire de ce titre commence en Égypte, à Alexandrie, vers les années 320-325. L'évêque Alexandre lance alors l'expression : Marie, « celle qui engendre Dieu », que l'on retrouve aussi dans une ancienne prière : « Auprès de ta miséricorde, nous nous réfugions, mère de Dieu. » Un siècle plus tard, le 25 décembre 428, à Constantinople, Nestorius, le nouveau patriarche, prononce un sermon. Soudain, il s'enflamme contre ceux qui osent appeler Marie « mère de Dieu ». Sa mise en garde provoque des remous dans tout l'Orient. Quelques mois plus tard, à Pâques, l'archevêque d'Alexandrie, Cyrille, prend le contre-pied de Nestorius. La querelle s'envenime à tel point que l'empereur Théodose II convoque tous les évêques en concile à Éphèse en juin 431.

Derrière l'attention portée à l'appellation de Marie, le véritable enjeu est le mystère de l'Incarnation. Pour Nestorius, Marie ne peut être mère que de l'homme Jésus. Cyrille, lui, veut défendre l'unité du Christ vrai homme et vrai Dieu. Au bout de trois mois de concile, des excommunications mutuelles et deux ans de controverse, un acte d'union est signé : « Nous confessons que la Sainte Vierge est mère de Dieu parce que le verbe de Dieu s'est fait chair et s'est fait homme. » Autrement dit, Marie n'est pas seulement la mère de l'homme Jésus, car, en Jésus, l'homme n'est pas séparable de Dieu. Marie, en mettant au monde l'homme Jésus, est devenue la mère de Dieu.

Et Juvénal, l'évêque de Jérusalem, institue sur tout l'Orient une grande fête de Marie, mère de Dieu, le 15 août, date retenue on ne sait pourquoi.

Ainsi, les dogmes catholiques sur Marie ont pour but d'annoncer qui est le Christ : vrai homme et vrai Dieu. Le « Je crois en Dieu » proclame : « Je crois en Jésus Christ, son Fils unique, notre Seigneur, qui a été conçu du Saint-Esprit et est né de la Vierge Marie. »

Il reprend les expressions utilisées dès l'origine dans l'Évangile pour souligner que la conception virginale de Jésus par Marie est un des signes de sa filiation divine : Jésus est fils de Dieu et en même temps inséré dans le peuple de Dieu par Joseph, lointain descendant du roi David. Ce qui est dit de Marie est toujours au service de ce qu'on dit du Christ. Cela reste vrai aussi pour les dogmes plus récents : l'Immaculée Conception, institué en 1854, et l'Assomption, établi en 1950, et même pour la proclamation de « Marie – mère de l'Église » en 1964 par Paul VI, titre qui, à l'origine, était donné au Saint-Esprit, féminin en hébreu.

Marie, la femme dont Dieu a eu besoin

« Ô Marie, sollicitez pour moi la crainte de Dieu, l'amour de ma demeure, le goût du travail, la douceur, la patience, la simplicité, la retenue… Apprenez-moi à honorer celui auquel je suis unie ; qu'il trouve en moi une compagne soumise, dévouée, pure, qui se retranche modestement dans ses devoirs et renonce aux plaisirs sensibles. » On n'a pas envie d'employer ce langage du début du siècle qui utilise Marie pour fonder sur l'autorité divine un statut de la femme mariée qui ne nous paraît plus juste aujourd'hui.

Nous sentons bien aussi qu'il faut éviter de proposer aux enfants une piété qui installerait Marie dans l'imaginaire comme une mère idéale ou une épouse mythique qui conçoit sans relation sexuelle, reste vierge donc, à la fois toute à son fils et pourtant intouchable.

Avec les enfants, on a plutôt envie de retourner à la discrétion des Évangiles et d'évoquer les rares passages qui parlent de Marie. Inspirons-nous du désir des protestants. On dit à tort qu'ils « ne croient pas à Marie ». C'est faux. Pour aborder le mystère et le rôle de Marie, ils restent proches des textes du Nouveau Testament.

Deux seulement des quatre Évangiles, selon Matthieu et selon Luc, parlent de l'enfance de Jésus. Construits, rédigés plusieurs dizaines d'années après sa mort, la résurrection et la Pentecôte, ils ne racontent pas seulement sa naissance, ils annoncent dès le début que Jésus est Christ et Fils de Dieu *.

Ces récits bien connus nous apprennent que Marie était une jeune fille de Nazareth accordée en mariage à Joseph. Selon les coutumes de l'époque, le mariage se faisait en deux temps. D'abord un acte juridique liait les époux, mais l'épouse, souvent très jeune, entre 12 et 14 ans, restait chez son père. Puis, après une année ou deux, les époux menaient vie commune.

Fidèle à la tradition juive qui reconnaît que son histoire est liée à l'histoire de Dieu, Marie devient la femme qui rend possible la promesse de Dieu, celle dont il a besoin pour habiter parmi son peuple. Troublée par l'annonce qu'elle reçoit : « Tu as été choisie par Dieu, sa force viendra en toi, tu auras un fils que tu appelleras Jésus (ce qui veut dire « Dieu sauve »), on appellera cet enfant fils de Dieu », Marie croit à la Parole : « Réjouis-toi, tu es aimée de Dieu, le Seigneur est avec toi. »

Alors que le prêtre Zacharie, cousin de Marie, doute de Dieu, Marie, tout comme Abraham « qui eut foi dans le Seigneur » et crut à la promesse d'une descendance, prend librement le risque de se lancer « corps et âme » dans une aventure dont elle ne voit sûrement pas l'issue.

Marie est celle qui fait naître des paroles de foi : en la voyant, sa cousine Élisabeth dit : « Ton enfant, c'est le

---

* Voir les questions : « Est-ce qu'il y a de vrais anges ? », « Les mages de la crèche, c'est des Pères Noël ? » et « Le papa de Jésus, c'est Joseph ou c'est Dieu ? »

Seigneur, le fruit de tes entrailles est béni. » Elle est celle qui chante son enthousiasme et sa reconnaissance pour Dieu car il tient parole : « Dieu fait pour moi des merveilles. Désormais toutes les générations me diront bienheureuse. Il se souvient des promesses qu'il a faites à son peuple. »

Marie est aussi une juive fidèle à la loi d'Israël. Avec son époux Joseph, elle accomplit tous les rites de sa religion. À huit jours, Jésus est circoncis. Quarante jours après sa naissance, ses parents vont le présenter à Dieu dans le Temple de Jérusalem. C'est là qu'ils rencontrent Syméon. Le vieillard reconnaît le Messie qu'il avait désiré voir tout au long de sa vie mais annonce à Marie qu'elle souffrira beaucoup à cause de Jésus, à cause de ce qu'il vivra, à cause des divisions que sa façon de montrer Dieu fera naître dans son peuple.

Marie est la femme bouleversée par l'attitude de Jésus, à douze ans. Il s'absente. Il se sépare de sa famille pour être « auprès de son père ». L'Évangile dit : « Joseph et Marie ne comprennent pas ce que Jésus disait… mais sa mère gardait tous ces événements dans son cœur. »

Marie est celle qui garde la mémoire des paroles et des gestes de Jésus, le témoin privilégié, celle qui, la première, pressent peut-être le début d'un monde nouveau.

Marie, la disciple de Jésus, la première chrétienne

Un jour où Jésus et ses apôtres sont à la maison, la foule afflue à tel point qu'ils ne peuvent même pas prendre un repas. Inquiète de cette étrange popularité, la famille de Jésus vient pour se saisir de lui car ils se disaient : il est hors de lui, il a perdu la tête.

Arrivent sa mère et ses frères. Restant dehors, ils le firent appeler. La foule était assise autour de lui. On lui dit : « Voici que ta mère et tes frères sont dehors ; ils te cherchent. » Il leur répond : « Qui sont ma mère et mes frères ? » Et parcourant du regard ceux qui étaient assis en cercle autour de lui, il dit : « Voici ma mère et mes frères. Quiconque fait la volonté de Dieu, voilà mon frère, ma sœur, ma mère » (Évangile selon Marc, chapitre 3, versets 31 à 35).

Le moins qu'on puisse dire est que Jésus n'inaugure pas le culte à Marie ! Et un autre passage vient conforter celui-ci. Un jour où une femme, du milieu de la foule, interpelle Jésus : « Heureuse celle qui t'a porté et allaité », il lui répond : « Heureux plutôt ceux qui écoutent la parole de Dieu et l'observent. »

Marie est atteinte par l'enseignement de son fils qui bouleverse les rapports entre les gens. Jésus n'a rien contre sa mère mais la seule chose qui entre en ligne de compte pour revendiquer un lien de parenté avec lui, c'est de faire la volonté de Dieu.

Marie qui, tout au long de sa vie, met sa confiance en Dieu, est « bienheureuse ». Elle est la parente de Jésus moins parce qu'elle l'a fait naître biologiquement que parce qu'elle l'accompagne dans sa foi, qu'elle est sa disciple.

Or, le troisième jour, il y eut une noce à Cana de Galilée et la mère de Jésus était là. Jésus lui aussi fut invité à la noce ainsi que ses disciples. Comme le vin manquait, la mère de Jésus lui dit : « Ils n'ont pas de vin. » Mais Jésus lui répondit : « Que me veux-tu, femme ? Mon heure n'est pas encore venue. » Sa mère dit aux servants : « Quoi qu'il vous dise, faites-le. » Il y avait là six jarres de pierre destinées aux purifications des juifs ; elles contenaient chacune de deux à trois mesures. Jésus dit aux servants : « Remplissez d'eau ces jarres » ; et ils les emplirent jusqu'au bord. Jésus leur dit : « Maintenant puisez et portez-en au maître du repas. » Ils lui en portèrent et il goûta l'eau devenue vin – il ne savait pas d'où il venait, à la différence des servants qui avaient puisé l'eau –, aussi il s'adressa au marié et lui dit : « Tout le monde offre d'abord le bon vin et, lorsque les convives sont gris, le moins bon ; mais toi, tu as gardé le bon vin jusqu'à maintenant ! » Tel fut, à Cana de Galilée, le commencement des signes de Jésus (Évangile selon Jean, chapitre 2, versets 1 à 11).

Marie avait mis Jésus au monde. Dans cet épisode, elle intervient dans la vie de son fils, le pousse, le réveille comme si elle le faisait naître « Christ ». Elle tient un peu le rôle de la voix de Dieu-Père dans les récits du baptême de Jésus, rapportés dans les autres évangiles. Jésus semble étonné : quelle est donc la relation de toi à moi, que se passe-t-il entre nous pour que tu te poses sur moi la même question que moi-même, pour que tu discernes une vocation en moi que je discerne à peine moi-même, pour que tu me reconnaisses ? Avec une autorité tranquille, Marie demande aux serviteurs d'obéir à Jésus. Et une noce toute simple devient un rappel de l'alliance entre Dieu et son peuple. Marie, à

Cana, entraîne des gens du peuple d'Israël à devenir le peuple de la nouvelle alliance.

Marie, la mère des croyants chrétiens

Jésus est crucifié. Près de la croix, debout, se tient Marie. La voyant ainsi et, près d'elle, son disciple Jean, Jésus dit à sa mère : « Femme, voici ton fils », et au disciple : « Voici ta mère. » Il ne s'agit pas seulement d'un acte de piété filiale, le fils mourant confiant sa mère à son ami ; Marie avait de la famille pour s'occuper d'elle ! On peut penser que dans cette scène, Jean représente le disciple type. Marie est donc désignée comme la mère des disciples de Jésus, des chrétiens, comme Abraham est désigné « Père des croyants ».

Voilà donc ce qu'on peut dire de Marie aux enfants. Marie, traduction du prénom hébreu « Myriam » qui signifie « celle qui voit », est d'abord témoin. Témoin parce qu'elle a vu ce qui était arrivé avec Jésus, témoin que Jésus est Fils de Dieu, témoin de la foi qui naît et grandit dans les « cœurs » : le livre des Actes des apôtres précise qu'après l'ascension de Jésus, « tous unanimes étaient assidus à la prière, avec quelques femmes dont Marie la mère de Jésus » (chapitre 1, verset 14).

Mais Marie est aussi celle qui croit « sans avoir vu ». Au pied de la croix, au temps de l'épreuve, elle fait encore confiance à Dieu, sans voir l'issue, sans savoir comment son fils sera justifié. Marie ressemble à Abraham prêt à sacrifier son fils Isaac à Dieu alors que ce geste remet en question la promesse divine d'une descendance. Rien n'ébranle la confiance d'Abraham. Rien n'ébranle la confiance de Marie. Parce qu'elle met sa confiance en Dieu, elle est « bénie entre toutes les femmes » comme Abraham à qui il a été dit : « En toi toutes les nations de la terre se béniront. » Elle est la mère de Jésus à la fois vrai homme et Dieu le Fils. Elle est sa disciple, la première chrétienne. Marie est la croyante dont on peut emprunter les paroles pour chanter avec les enfants de générations en générations : « *Mon âme exalte le Seigneur, loue Dieu dans les hauteurs ; mon esprit exulte en Dieu mon sauveur ; à cause de Dieu, je suis remplie de joie ; il m'a regardée, et désormais on se souviendra de mon bonheur à travers les siècles. Dieu a fait pour moi des merveilles ! Saint est son nom ! Sa bonté s'étend d'âges en âges. Il se souvient de ses promesses à jamais.* »

XII

Le monsieur de la messe, à l'église, c'est Jésus ?
Qu'est-ce qu'un prêtre ?

Ils ont entendu dire, maladroitement : « L'église, c'est la maison de Jésus. » Entrant dans une église, pour une messe, ils repèrent un homme en aube, une robe qui ressemble à celle que porte Jésus sur les images des livres.

Ils ont entendu dire : « Jésus rassemble les foules. Jésus leur parle. Jésus enseigne à prier Dieu. » Et l'homme en aube accueille les gens, leur fait une sorte de discours et les entraîne à prier. Tout le monde s'installe sur des rangées de chaises ou de bancs, et l'homme en aube reste face aux autres.

Ils ont peut-être entendu un récit de la Cène, entendu dire que Jésus, pendant son repas d'adieu, a partagé le pain et le vin avec ses apôtres. Et l'homme en aube fait des gestes qui rappellent ceux-là. Seul il prononce : « Prenez et mangez-en tous, ceci est mon corps livré pour vous… Prenez et buvez-en tous, ceci est la coupe de mon sang. »

Alors, les enfants confondent le prêtre de leur église et Jésus, un prêtre et Jésus.

On peut facilement répondre : « Non ! Le monsieur que tu as vu à l'église n'est pas Jésus. L'église n'est pas la maison de Jésus mais la maison des chrétiens. Le monsieur de l'église est un chrétien. D'ailleurs, il n'habite pas dans l'église et on peut le rencontrer ailleurs. Je vais te montrer sa maison. Il s'appelle Luc (ou Guy ou Jean-Claude…). C'est un prêtre. »

On peut facilement répondre et s'arrêter là. Mais si leur confusion était signe d'une intuition encore confuse ?

Les pièges du vocabulaire

Le mot français « prêtre » désigne des réalités très différentes. Dans le Nouveau Testament écrit en grec, deux mots sont utilisés pour nommer les « prêtres » :

• Le mot « *hiereus* » désigne la personne qui est un médiateur entre les dieux ou Dieu et les hommes, celle qui est au milieu et fait le lien. Ce médiateur a le pouvoir de sacrifier, c'est-à-dire de rendre sacré ce qui ne l'était pas afin de le transformer en offrande pour la divinité. Il est un sacrificateur ou un sacrifiant, ce qui se traduit en latin par *sacerdos* et donne « sacerdoce » en français.

102

Or, Jésus s'est élevé contre ces sacrifices. Il les refusait comme des déviances qui menaçaient le rapport vrai avec Dieu. Il a montré que ce qui est agréable à Dieu, ce ne sont pas les offrandes d'animaux sacrifiés, mais une façon de vivre fraternelle.

Dans le christianisme, les « prêtres-sacerdotes » n'ont donc pas de raison d'être. Le seul prêtre, en ce sens-là, c'est Jésus qui a offert à Dieu sa vie et sa mort. Et le peuple chrétien tout entier, parce qu'il vit en communion avec Jésus Christ, est un « peuple de prêtres », un peuple sacerdotal.

• Le mot *presbuteros* désigne l'« ancien » de la communauté, celui qui la préside, car il fait autorité par son âge et son expérience. Ce mot qui a donné *« presbyter »* en latin est à l'origine du mot « prêtre ».

Mais en n'utilisant, en français, qu'un seul et même mot, on a tout mélangé : le sacré et l'ancien.

Et les aléas de l'histoire

Au tout début, il y avait encore « les douze » (Matthias, qui avait accompagné Jésus avant sa mort et l'avait vu ressuscité, avait remplacé Judas) pour témoigner de ce qu'ils avaient vu et entendu et réunir les chrétiens afin de partager leur repas en faisant mémoire de la mort et de la résurrection de Jésus comme il le leur avait demandé pendant son dîner d'adieu.

Toutefois, pour éviter les disputes entre chrétiens d'origine hébraïque et chrétiens d'origine grecque, l'assemblée désigna sept hommes pour être particulièrement au service de ceux qui parlaient grec. Pierre leur imposa les mains. Ce furent les sept premiers diacres (*diakonos* = serviteur, en grec).

Petit à petit, le groupe des disciples de Jésus grossit tout autour de la Méditerranée. Il fallut donc organiser les communautés pour veiller à ce qu'elles restent fidèles à l'Évangile et maintenir l'unité entre elles. Leur animation fut confiée à un conseil d'anciens ou « presbytres », ministres (*minister* = serviteur, en latin) choisis parmi les hommes qui avaient prouvé leurs qualités de chefs de famille (les communautés ressemblant à des familles). L'un d'eux appelé « évêque » (épiscope) devint le président de la communauté. Il baptisait les nouveaux chrétiens, imposait les mains sur la tête des presbytres pour montrer qu'ils étaient consacrés par Dieu, et présidait le culte. Des diacres et des diaconesses l'assistaient pour la liturgie et étaient au service de la communauté.

C'est Cyprien, évêque de Carthage de 248 à 258, qui, le premier, utilisa le mot « prêtre » pour désigner le ministre d'une communauté, disant que le prêtre exerce son rôle de président à la place du Christ.

Les prêtres dépendaient de la communauté locale. Chaque prêtre était appelé par la communauté et cet appel était interprété comme un « don de l'Esprit ». On n'imposait pas au peuple un évêque qu'il ne désirait pas car « celui qui doit présider à tous doit être choisi par tous » (Léon le Grand, Ve siècle).

Peu à peu, le nombre des chrétiens augmentait, surtout lorsque l'empereur Constantin, en 313, accorda la liberté religieuse, puis quand le christianisme devint religion d'état. Les évêques se retrouvèrent alors responsables de grandes régions. Les presbytres – prêtres – vinrent les remplacer dans les assemblées locales. Ils furent désormais chargés de l'enseignement et du culte.

Au IVᵉ siècle, à Rome, apparaît une nouvelle loi : les prêtres qui président la messe doivent s'abstenir de relations sexuelles dans la nuit précédente. Lorsqu'on commence à célébrer l'eucharistie quotidiennement, à la fin du IVᵉ siècle, la continence des prêtres mariés doit devenir permanente. Mais ils suivent peu cette loi. En 1123, au premier Concile du Latran, pour que cette continence soit appliquée, est promulguée la loi sur le célibat obligatoire des prêtres catholiques romains d'Occident. À partir du troisième Concile du Latran, en 1179, le prêtre n'est plus choisi pour présider la communauté mais pour présider la messe. Il devient plus l'homme du culte que l'homme d'une communauté, un « diseur de messes » plus qu'un « animateur ». Les modèles empruntés à l'administration romaine d'abord puis ceux issus des structures féodales ont transformé peu à peu les rôles et les services dans l'Église.

Ainsi l'histoire permet de discerner, sous les revêtements successifs apportés par les diverses époques, l'essentiel : la vitalité des communautés de chrétiens au service desquelles est nommé un prêtre.

Tu me dis que le monsieur dans l'église, c'est un prêtre. Mais qu'est-ce que c'est, un prêtre ?

Un prêtre c'est un chrétien, un baptisé comme tous les autres baptisés, qui s'inspire de Jésus pour vivre et tâche de montrer que la vie est bonne. Tu as reconnu un prêtre à l'église mais tu peux en rencontrer dans beaucoup d'autres endroits, à l'école par exemple car certains sont des maîtres et d'autres organisent le catéchisme pour les écoliers ou les élèves plus âgés. Des prêtres s'occupent des jeunes, préparent pour eux des réunions, des rencontres, des voyages, des camps. D'autres travaillent dans les hôpitaux auprès des malades, des infirmières, des docteurs. D'autres prêtres visitent les prisonniers. D'autres encore ont un métier dans des bureaux, des usines, sur des chantiers, à la télévision. J'en connais un qui vend des pizzas pour donner du travail à des gens qui n'en ont pas et un autre qui tient un café où on peut aller se réchauffer quand on se sent abandonné.

Les prêtres sont aussi divers que les autres chrétiens. Pourtant, ils ne sont pas comme n'importe quel autre chrétien. Chez nous les prêtres ne sont pas mariés, ils n'ont pas d'enfant à eux et beaucoup en ont du chagrin. C'est pourquoi ils aiment bien être avec des enfants. Surtout, quel que soit l'endroit où ils se trouvent, ils ont un travail particulier : un prêtre est un serviteur de Dieu et des gens. Son travail, sa mission, c'est d'être au service des gens pour les aider à être avec Dieu, c'est de tout faire pour que Dieu et les gens se rencontrent. Chaque chrétien devrait faire ce travail mais, pour y arriver, on a besoin d'un entraîneur. Un prêtre, c'est l'entraîneur des chrétiens. Il leur fait connaître la parole de Dieu, il baptise, il marie, il pardonne en montrant que c'est Jésus qui baptise vraiment, Jésus qui pardonne. Il est à la messe pour rappeler que ce n'est pas un groupe de bons amis qui se rassemblent mais que c'est le rassemblement des chrétiens appelés par Jésus et envoyés par Jésus.

Ainsi entraînés, les chrétiens tous ensemble tâchent de faire rencontrer Dieu et les gens.

Tu as remarqué qu'il n'y a pas de femme prêtre catholique. On dit que c'est parce que Jésus était un homme et qu'il a appelé des hommes comme apôtres. On peut se demander si ces raisons sont suffisantes et si ça ne devra pas changer.

Quoi qu'il en soit, un prêtre n'est pas Jésus. Il n'est pas non plus un surhomme. Il a des joies et des chagrins et il a besoin d'amis pour les partager. Il se bat comme nous contre tout ce qui ne marche pas dans la vie et il a besoin de compagnons pour le reposer. Il lui semble parfois qu'il est perdu, loin de Dieu et il a besoin de notre foi pour l'encourager. Un prêtre, c'est comme la levure dans la pâte. De la levure toute seule, ça ne sert à rien. De la pâte sans levure, c'est mangeable mais c'est raplaplat. Ce qui est appétissant, c'est un bon pain, bien gonflé !

XIII

Les mages de la crèche, ce sont des Pères Noël ?

Les images qui se mêlent et pourtant révèlent

Le calendrier et les maisons sont à la fête. Les regards et les rues s'illuminent. Des Pères Noël arpentent les trottoirs. Les cadeaux cachés apparaissent. Des crèches sont exposées dans les vitrines tandis qu'en famille, on dispose les santons autour de l'enfant Jésus. C'est Noël, suivi de près par l'Épiphanie, la « Fête des Rois ».

Alors, tout se mêle. L'histoire de la naissance de Jésus, l'inattendu « Roi des juifs » que cherchent des mages chargés de présents qu'on dit rois eux aussi ; et le rite des cadeaux, que l'on dit apportés par un vieillard un peu magicien, le Père Noël, qui fait des enfants les rois de la fête.

Il est naturel, dans ces conditions, qu'ils confondent mages et Pères Noël porteurs de cadeaux fabuleux !

Crèche

Mangeoire pour les animaux dans une étable. Dans la Bible, on peut lire : « Marie mit au monde son fils premier-né, l'enveloppa de langes et le coucha dans une crèche parce qu'il n'y avait pas de place pour eux dans la salle d'hôtes. » C'est pour cela qu'on appelle maintenant une « crèche » la petite maison de bois, de plâtre ou de papier découpé, que l'on voit partout à Noël, et aussi tous les personnages : la famille de Jésus, les bergers, les mages, les habitants du village. On dit que c'est saint François d'Assise qui a « inventé » la coutume de faire une crèche à Noël. En 1223, pour fêter Noël, il a l'idée de faire revivre la nativité en célébrant Noël dans une grotte de la montagne près du village de Greccio où sont installés un bœuf et un âne ainsi qu'une mangeoire qui sert de table pour la messe.

Épiphanie

Manifestation. La fête de l'Épiphanie de Jésus a lieu le premier dimanche de janvier. Les chrétiens disent que Jésus est la manifestation de Dieu. On rappelle, ce jour-là, l'histoire des mages (on dit parfois « les Rois mages »). C'est pourquoi on appelle aussi l'Épiphanie la « Fête des Rois ». Les mages sont partis à la recherche d'un roi. Arrivés à la crèche, ils se mettent à genoux devant Jésus petit enfant parce qu'ils le reconnaissent comme le roi du Royaume de Dieu.

Noël, c'est merveilleux

• Dans nos pays, Noël est la plus grande fête de l'année. On s'y prépare longtemps à l'avance. La vie ordinaire en est toute bouleversée. Et pourquoi tout ça ? Pour fêter un nouveau-né, un tout-petit !

Pour un jeune enfant ordinaire encore tout proche de sa propre naissance et parfois déjà ébranlé par l'arrivée d'un nouveau-né dans sa famille, ce n'est pas très surprenant. Pour un jeune enfant ordinaire qui est tantôt centre du monde, tantôt quantité négligeable, c'est un moment privilégié et réconfortant. D'autant plus que, comme Jésus est adoré par les mages qui lui offrent des présents, la plupart de nos enfants sont adorés par leur famille qui les comble de cadeaux.

Il n'est donc pas très étonnant qu'ils se mettent à la place de Jésus, s'identifient à ce petit enfant, roi de la fête. Mais comme, en même temps, nous appelons ce bébé « Fils de Dieu », « Dieu avec nous », ils se demandent : « Et moi, suis-je un dieu aussi puisque je lui ressemble tant ? »

• Et puis, Noël c'est merveilleux : les cadeaux souhaités arrivent, les vœux se réalisent. Ne serait-ce pas trop beau pour être vrai ?

La plupart des parents racontent toujours à leurs enfants, mi-émerveillés, mi-inquiets, l'histoire du Père Noël qui se glisse par les cheminées. On pense que cette croyance passagère s'estompe lorsque l'enfant grandit. La réalité est plus ambiguë. Les enfants font coexister des opinions qui nous paraissent incompatibles. Il y a ceux qui y croient dur comme fer mais, en même temps, guettent les parents et cherchent dans toute la maison les paquets cachés. Il y a ceux qui refusent d'être dupes d'une telle faribole, mais qui n'arrivent pas à s'endormir de peur d'être oubliés… à cause de leurs doutes.

110

Il y a aussi la crainte que tout s'effondre : si les parents peuvent mentir au sujet du Père Noël, peut-on leur faire confiance quand il s'agit de Jésus ou bien toute son histoire n'est-elle aussi qu'un pieux mensonge ?

Alors, les enfants se raccrochent à ce qu'ils peuvent. Puisque, tout de même, l'histoire de la Nativité paraît vraiment importante pour les parents, autant y inclure le Père Noël comme un mage. Ainsi, rien n'est perdu !

L'histoire des mages

Dans l'Évangile selon Matthieu, les mages voient se lever une étoile inconnue dans le ciel juste avant la naissance de Jésus. Pour eux, c'est le signe qu'un nouveau roi vient. Alors, ils quittent leur pays et ils suivent l'étoile à sa recherche. Souvenons-nous que ce texte a été rédigé pour bien montrer que Jésus est vrai Dieu et vrai homme dès sa naissance, Dieu en chair et en os, Dieu incarné. Dans ce contexte, les mages ont une signification importante.

Que peut-on en dire ?

• Les mages étaient originellement une tribu mède qui devint une caste de prêtres chez les Perses. Ils pratiquaient la médecine, l'astrologie et la divination. Par exemple, il existe un récit du IVe siècle avant J.C. dans lequel des mages perses annoncent la naissance de Mithra, le dieu de la lumière, au moment du solstice d'hiver, alors que le soleil renaît. À l'époque de la rédaction du récit évangélique, dans les années 80, les croyances astrales étaient très fortes. Le fait que des mages-devins partent s'incliner devant Jésus indique la suprématie de la religion de Jésus sur les superstitions.

• Les mages sont des étrangers venus d'Orient. Ils ne sont pas juifs mais païens. Le fait qu'ils se prosternent devant Jésus qu'ils appellent « Roi des juifs » souligne que le Messie de Dieu est pour tous les peuples. Jésus Christ n'est réservé à personne. Il est Dieu pour tous.

• Les mages sont guidés par une étoile. Ne cherchons pas trop de quelle comète il s'agit : l'image de l'étoile était très utilisée à cette époque pour marquer la naissance de grands hommes, comme Alexandre le Grand ou Jules César. Dans le monde juif, l'étoile était le signe du Roi-Messie. On employait couramment le mot « étoile » pour parler du Messie. Dans l'Évangile, l'étoile qui guide les mages est le signe que Dieu guide tous les humains pour le reconnaître en Jésus.

• Les mages offrent des cadeaux à Jésus : l'or qu'on offrait aux rois, car Jésus est roi du Royaume de Dieu ; la myrrhe, précieuse en pharmacopée, qui servait à embaumer les cadavres, car Jésus est un homme, mortel comme les autres ; l'encens qu'on offrait aux dieux, Jésus vrai homme est aussi vrai Dieu.

C'est d'ailleurs à cause de ces trois cadeaux qu'on a imaginé, chez nous, que les mages étaient trois (l'Évangile ne précise pas) et qu'ils venaient d'Arabie, pays de l'encens (d'où leurs chameaux).

Un moine mérovingien du VIIIe siècle popularisa leurs prénoms empruntés à un évangile apocryphe du VIe siècle, le *Livre arménien de l'enfance,* Melchior, Gaspard et Balthazar. Il leur donna aussi le titre de rois en référence au psaume : « Tous les rois de la terre se prosterneront devant lui. » Puis les peintres fixèrent leur image : Melchior devint un vieillard à barbe blanche, Gaspard un jeune homme et Balthazar un Noir. C'est ainsi que, peu à peu, ces mages sont devenus les héros d'une tradition merveilleuse et populaire. Alors, il n'est pas étonnant que les enfants participent à ces « embellissements »*.

Mais comment les aider à percevoir l'essentiel ?

Jésus à Bethléem et aujourd'hui

L'histoire des mages ne se trouve que dans l'Évangile selon Matthieu, au chapitre 2, versets 1 à 12.

Jésus étant né à Bethléem de Judée, au temps du roi Hérode, voici que des mages venus d'Orient arrivèrent à Jérusalem et demandèrent : « Où est le roi des juifs qui vient de naître ? Nous avons vu son astre à l'Orient et nous sommes venus lui rendre hommage. » À cette nouvelle, le roi Hérode fut troublé, et tout Jérusalem avec lui. Il assembla tous les grands prêtres et les scribes du peuple, et s'enquit auprès d'eux du lieu où le Messie devait naître. « À Bethléem de Judée, lui dirent-ils, car c'est ce qui est écrit par le prophète : Et toi, Bethléem, terre de Juda, tu n'es certes pas le plus petit des chefs-lieux de Juda : car c'est de toi que sortira le chef qui fera paître Israël, mon peuple. » Alors Hérode fit appeler secrètement les mages, se fit

---

* Un beau roman sur le sujet : *Gaspard, Melchior et Balthazar*, de Michel Tournier (Éditions Gallimard).

préciser par eux l'époque à laquelle l'astre apparais-
sait, et les envoya à Bethléem en disant : « Allez vous
renseigner avec précision sur l'enfant ; et, quand vous
l'aurez trouvé, avertissez-moi pour que, moi aussi,
j'aille lui rendre hommage. » Sur ces paroles du roi,
ils se mirent en route ; et voici que l'astre, qu'ils
avaient vu à l'Orient, avançait devant eux jusqu'à ce
qu'il vînt s'arrêter au-dessus de l'endroit où était
l'enfant. A la vue de l'astre, ils éprouvèrent une très
grande joie. Entrant dans la maison, ils virent l'enfant
avec Marie, sa mère, et, se prosternant, ils lui rendi-
rent hommage ; ouvrant leurs coffrets, ils lui offrirent
en présent de l'or, de l'encens et de la myrrhe. Puis,
divinement avertis en songe de ne pas retourner
auprès d'Hérode, ils se retirèrent dans leur pays par
un autre chemin.

Ce récit rapporte donc l'événement central du christianisme que l'Évangile selon Jean résume en six mots
denses et difficiles : « Le Verbe s'est fait chair » et
qu'on nomme « mystère* de l'Incarnation. »

C'est quelque chose de très difficile à définir avec des
mots aux enfants.

Or, voilà qu'en jouant avec les personnages de la
crèche, en écoutant l'histoire des mages et en nous
posant leurs questions, en se projetant à la place de

---

* Mystère : ce qui est fermé ; autrement dit, ce qui est caché ou secret.
Pour les chrétiens, le mystère de la foi, c'est ce qui normalement serait
caché, parce que dépassant les limites de l'intelligence humaine, mais
que Dieu veut leur dire, leur révéler et leur fait vivre.

Jésus, ils saisissent l'essentiel : Jésus fut un enfant semblable à tous les enfants. Et des gens aussi importants que des mages très sages viennent de loin se prosterner devant ce bébé qui ressemble à Dieu comme un fils à son père, pour reconnaître qu'il est le Roi des juifs choisi par Dieu, l'envoyé de Dieu, Dieu avec nous (« Emmanuel », en hébreu) ; pour reconnaître Jésus, image, manifestation de Dieu (« Épiphanie », en grec).

Ainsi, une vérité presque incroyable, pour laquelle des générations de chrétiens se sont battus, des conciles ont été réunis, est à la portée des enfants.

Et comme nos enfants aiment les cadeaux, pourquoi ne pas ajouter :

« Tu as bien raison de remarquer que les mages apportent des cadeaux à Jésus. C'est important, et pas seulement parce que ce sont des cadeaux précieux. Quand on offre un cadeau à quelqu'un, c'est une façon de lui dire qu'on l'aime. Mais, parfois, c'est aussi un moyen pour l'obliger à dire merci, à être reconnaissant, longtemps. Alors, quand on grandit, il arrive qu'on se méfie des cadeaux. Dans l'histoire de la naissance de Jésus, ses parents acceptent les beaux cadeaux des mages.

Eh bien, il y a une autre histoire, dans l'Évangile, qui parle de cadeau. Elle dit : le Royaume de Dieu est un cadeau pour ceux qui ressemblent aux enfants. Jésus est devenu un adulte. A son arrivée dans un village, une bande d'enfants curieux accourut probablement vers lui. Ils devaient se bousculer pour être au premier rang, faire du bruit, gêner.

Des gens lui amenaient même les bébés pour qu'il les touche. Voyant cela, les disciples les rabrouaient. Mais Jésus fit venir à lui les bébés en disant : « Laissez les enfants venir à moi ; ne les empêchez pas, car le Royaume de Dieu est à ceux qui sont comme eux. En vérité, je vous le déclare, qui n'accueille pas le Royaume de Dieu comme un enfant n'y entrera pas » (Évangile selon Luc, chapitre 18, versets 15 à 17).

Je crois que le vrai cadeau de Noël ce n'est pas l'or, ni l'encens ou la myrrhe, ni ton vélo neuf, ni les jouets déposés dans tes souliers. Mais tous ces cadeaux-là peuvent te rappeler que le vrai cadeau de Noël, c'est Jésus. Jésus est offert par Dieu à tous les gens de la terre, les gens de partout et de tous les âges.

Et Jésus à son tour nous fait un cadeau : une place dans le Royaume de Dieu qu'il nous demande d'accepter comme les enfants acceptent un cadeau, joyeusement, sans chercher à savoir si on l'a mérité ou non, tout simplement.

Alors, quand je te vois tout émerveillé(e) par l'histoire des mages chargés de cadeaux comme des Pères Noël, tout joyeux de recevoir des cadeaux au moment où l'on fête la naissance de Jésus, je me souviens qu'il me prie d'être, moi aussi, comme toi, comme un enfant, comblé de cadeaux par Dieu.

XIV

Est-ce qu'il y a de vrais anges ?

La vérité du merveilleux

C'était juste avant Noël, à l'école. Dans le spectacle, les petits faisaient les anges. Qu'ils croient au ciel ou qu'ils n'y croient pas, habillés de chemises de nuit blanches, ils glissaient sur scène en battant leurs ailes de papier crépon. Le rideau baissé, la question n'a pas tardé : « Est-ce qu'il y a de vrais anges ? »

Car enfin qui donc sert de modèle à nos angelots, nos anges de pierre, nos archanges de bois doré, nos séraphins de céramique ou nos chérubins de sucre ?

Être aux anges c'est bon, mais le monde n'est pas angélique

Les anges sont des êtres célestes, beaux et merveilleux. Les jeunes enfants qui, jusqu'à 6-7 ans, ont du mal à toujours différencier le réel de l'imaginaire, peuvent facilement admettre la présence d'anges invisibles qui se promènent en toute liberté au-dessus de leur tête. Les spéculations pseudo-scientifiques sur les extraterrestres, illustrées par de nombreux dessins animés nourrissant leur imaginaire, en rajoutent. Les anges peuvent tout à fait, dans le monde merveilleux des enfants, être assimilés à ces cosmonautes, mutants d'une race évoluée, qui débarquent sur notre planète. D'autant plus que les anges nous veulent du bien. Ils protègent. C'est ce que dit la théorie des anges gardiens* : chaque personne est confiée à la vigilance d'un compagnon invisible, confident compréhensif qui guide sur le bon chemin.

Certes, de temps à autre, faire appel aux bons anges c'est une certaine façon de forcer un enfant désobéissant à faire ce qu'il ne désire pas. Mais, dans l'ensemble, leurs interventions ont plutôt bonne réputation.

Avec leur part d'étrange qui sort de l'ordinaire, les anges réduisent les peurs et les angoisses. Ils sont donc très séduisants. Mais il ne faudrait pas qu'un enfant ne vive que dans ce monde merveilleux où il peut « être aux anges » en s'envolant au-dessus de notre condition humaine. Car, lorsqu'il va remettre les pieds sur terre, quand il va être confronté à la réalité, il risque bien d'être soit inadapté soit profondément blessé. Notre monde n'est pas angélique et nous ne sommes pas des

---

* Anges gardiens : la croyance selon laquelle chaque être humain est confié à la vigilance particulière d'un ange était déjà courante *chez les juifs* (Mt 18, 10) ; elle n'a été formulée plus précisément qu'au XII* siècle *par Honoré d'Autun*. L'Église, sans l'imposer, a respecté cette tradition ; c'est ainsi qu'elle a conservé dans le calendrier liturgique de 1969 la fête des Anges Gardiens, fixée au 2 octobre.

anges ! Il pourrait alors se replier et se cantonner dans une attitude passive. Confronté aux conflits, aux souffrances, à la mort, un enfant qui a grandi à l'abri des ailes des anges sera déçu par la « cour céleste » qui ne le protégera plus et du même coup par Dieu aussi. Alors, il rangera les anges et Dieu dans le coffre à jouets de son enfance.

L'âge des anges

Pour beaucoup d'entre nous, le mot « ange » évoque d'abord des scènes de la nativité de Jésus, surtout l'Annonciation et « les anges dans nos campagnes » et, du même coup, des tableaux de grands peintres : Fra Angelico, Giotto, Léonard de Vinci. Puis, en réfléchissant un peu, on pense aussi aux anges du jour de la résurrection, ceux qui annoncent aux femmes venues sur la tombe de Jésus : « Il est ressuscité. » Et de nouveau des peintres ont illustré cette scène.

Pourtant, les chrétiens n'ont pas inventé les anges. Si les anges ne vieillissent pas, ils ont de l'âge ! Ils sont présents dans les plus anciennes traditions bibliques. Et les juifs avaient déjà eu recours à l'imagerie religieuse mésopotamienne. L'organisation du monde divin en une hiérarchie a réduit un certain nombre de divinités à devenir de simples serviteurs des grands dieux dont elles sont les messagères. Ainsi des documents du XIVe siècle av. J.C. présentent le dieu Baal accompagné de ses serviteurs messagers et on trouve déjà le mot cananéen « *la'aka* » (envoyer un messager) qui donnera naissance au terme hébreu « *maleak* », traduit par « *angelos* » en grec, et « ange » en français.

Les « chérubins » qui, dans le Livre de la Genèse, sont censés garder le chemin de l'arbre de vie et, dans le Livre d'Isaïe, l'entrée du territoire divin, sont directement empruntés aux images des taureaux ailés, les *« kuribu »* (*« kerubim »*, en hébreu), qui gardaient le temple d'Assur. Quant aux séraphins, les « brûlants », ils rappellent les serpents de feu babyloniens.

Influencés par ces mythologies, les juifs ont « repensé » les anges en les adaptant à leur foi en un Dieu unique. Représentant souvent Dieu comme un souverain oriental, ils l'ont entouré de toute une cour céleste d'anges soutenant son trône, tirant son char et exécutant ses ordres, appelés « fils de Dieu ».

Par exemple, cette image d'un Dieu souverain entouré d'un conseil se retrouve dans des commentaires juifs du récit de la création en sept jours : d'après eux, lorsque Dieu dit : « Faisons l'homme à notre image », s'il emploie la première personne du pluriel, c'est qu'il ne prend pas sa décision seul ; il a discuté avec les anges. Les anges de l'amour et de la justice sont pour la création de l'homme, car il sera peut-être capable d'amour et de justice. Les anges de la vérité et de la paix sont contre, sûrs que l'être humain sera menteur et installera la guerre dans le monde. Tel un souverain absolu, Dieu tranche et décrète que l'homme sera. Il le crée.

Mais plus la gloire de Dieu était ainsi rehaussée, plus Dieu devenait inaccessible pour les humains. Il a donc fallu glisser entre les deux des êtres intermédiaires. D'abord mal définis, ces êtres se sont peu à peu affirmés comme des ambassadeurs, messagers entre Dieu et nous.

La destruction de Jérusalem et du Temple par les Babyloniens en 586 av. J.C. est interprétée par les juifs comme un éloignement de Dieu. C'est un déchirement pour le peuple élu, qui considérait Dieu comme une mère l'allaitant, que cette « absence » de Dieu, sa transcendance devenue soudain impénétrable. Alors, la science des anges va se développer et les anges vont pouvoir combler l'espace entre Dieu et son peuple.

Peu à peu, l'importance des anges va s'accompagner de leur spécialisation. Ils révèlent Dieu chacun à leur façon. De ce fait, ils ont des noms propres. On connaissait déjà « Raphaël » = « Dieu guérit » (Livre de Tobit). D'autres anges sont nommés : « Gabriel » = « Force de Dieu », « Michel » = « Qui est comme Dieu », le prince des anges qui vient en aide à Israël, « Ouriel » = « Lumière de Dieu ».

Tous ces noms contiennent la syllabe « El » – « Dieu » – comme si le rapport entre Dieu et ses anges était difficile à cerner tant les messagers-envoyés sont à l'image de celui qui les envoie, tant ils s'identifient à Dieu, servant à parler de ses qualités sans prononcer son nom sacré.

Les chrétiens ont donc poursuivi la tradition juive bien qu'en lisant le Nouveau Testament on soit frappé par le petit nombre d'anges. On en trouve au début et à la fin de la vie terrestre du Christ (Évangile selon Matthieu, chapitre 28, versets 5 et 6). Comme s'il s'agissait des deux naissances du Christ et que les anges indiquaient sa proximité du Royaume de Dieu.

On trouve quelques anges dans les Actes des Apôtres lorsque les hommes semblent inspirés par l'Esprit de

Dieu. Par exemple, un ange délivre Pierre emprisonné, un autre conseille au centurion Corneille d'aller chercher Pierre. Le Livre de l'Apocalypse, révélé par un ange, est rempli d'anges. Mais Paul, lui, est très sévère pour les anges. Il refuse leur médiation car il les voit définitivement supplantés par l'Esprit Saint, envoyé aux humains après le « départ » de Jésus.

Pourtant, la carrière des anges ne s'est pas arrêtée là. La croyance aux anges s'est tellement développée dans les premiers siècles que l'Église chrétienne a dû y mettre de l'ordre et élaborer une véritable doctrine afin que les anges ne fassent pas de l'ombre à Jésus, qu'on a même pris pour l'Ange Suprême. Il n'est pas question d'adorer les anges. Aux IVe et Ve siècles, les théologiens de Cappadoce réaménagent l'univers céleste et clarifient la hiérarchie des êtres invisibles.

Au VIe siècle, saint Benoît fait des anges les soutiens des moines et leurs guides. Saint Bernard est le grand promoteur de l'ange gardien. Bénédictins, Chartreux, Cisterciens conçoivent leur existence terrestre comme une imitation de la vie angélique.

Au XIIIe siècle, la poussée de la rationalité met à mal le monde des anges. L'Occident latin et l'Orient byzantin se séparent très nettement sur la question des anges. Chez nous, l'ange de l'âge gothique s'humanise beaucoup, tel l'ange au sourire de la cathédrale de Reims. À la fin du Moyen Âge, les anges se différencient moins nettement des humains dans les représentations : ils ne sont plus vêtus de robes blanches mais de manteaux aux couleurs vives. L'ange devient très abordable !

Avec la Renaissance et l'engouement pour l'Antiquité gréco-romaine, on confond les anges bibliques avec les êtres ailés des mythologies. On ne distingue plus, dans les tableaux, les anges des « amours » grecs. Au XVIIᵉ siècle, les têtes d'angelots joufflus se multiplient et l'on applique aux enfants des expressions du genre « beau comme un ange ». Peu à peu, l'ange devient un pur produit de l'imaginaire, un rêve idéal de beauté ou de sagesse.

Aujourd'hui, malgré notre goût renouvelé pour l'étrange, les énergies spirituelles et les contacts avec l'au-delà, les anges ne semblent plus bien correspondre à nos mentalités. Beaucoup de chrétiens les ont poussés à la périphérie de leur religion. La question des anges fait partie de celles qu'on évite de poser.

En revanche, la place des anges est restée très importante pour les musulmans. Leur réalité est un article de foi de l'islam. Selon le Coran, les anges remplissent des fonctions assez identiques à celles que l'on découvre dans la Bible : ils sont des messagers et des guides. On y retrouve d'ailleurs l'ange Gabriel qui, ayant pris forme humaine, annonce à Marie la naissance de Jésus. C'est ce même Gabriel, appelé « Esprit de Dieu », qui révèle à Mohammed les oracles qu'il prononce pendant vingt ans et qui, rassemblés peu après sa mort, constituent le Coran. Les anges gardiens observent les actions humaines, les enregistrent et les présentent avec justice au tribunal de Dieu. D'ailleurs, à la fin de chaque prière rituelle, un musulman salue ses deux anges gardiens postés l'un à sa droite, l'autre à sa gauche. Pour l'islam, l'ange, miroir de Dieu, est la forme suprême de la connaissance de Dieu par les humains.

Si Jésus est le Messie, pourquoi des messagers ?

Si l'histoire des anges est longue, les Écritures fournissent bien peu d'informations précises.

Le Nouveau Testament est le témoin d'un effort dans deux directions : intégrer l'héritage de l'Ancien Testament mais situer exactement ce que peut être un ange par rapport au mystère de l'Incarnation et à la venue du Saint-Esprit à la Pentecôte. Les anges des évangiles sont avant tout des messagers de bonnes nouvelles.

Reprenons les épisodes de la Nativité. Dans l'Évangile selon Matthieu, c'est l'ange du Seigneur qui apparaît en songe à Joseph pour lui apprendre que Marie va mettre au monde un fils. C'est une façon de dire que c'est poussé par Dieu que Joseph adopte Jésus et l'intègre dans sa lignée, celle du roi David. Puis l'ange donne le nom de l'enfant : « Jésus », qui signifie « Dieu sauve », ce qui du même coup dévoile sa mission et le désigne comme Dieu, car seul Dieu sauve.

C'est encore l'ange du Seigneur qui conseille à Joseph de fuir en Égypte pour que l'enfant ne soit pas massacré par le roi Hérode (Évangile selon Matthieu, chapitre 2, versets 13 et 14), puis, après la mort du tyran, lui annonce le retour possible au pays (chapitre 2, versets 19 à 21).

Dans l'Évangile selon Luc, c'est l'ange Gabriel qui annonce à Zacharie la naissance de son fils Jean Baptiste. Mais Gabriel, pour les chrétiens, est surtout celui qui « salue Marie, pleine de grâce », lui annonçant : « Le Seigneur est avec toi, tu es bénie entre toutes les femmes. » Il est celui qui demande à Marie de se réjouir car elle est aimée de Dieu et va avoir un fils dont le règne n'aura pas de fin.

Le sixième mois, l'ange Gabriel fut envoyé par Dieu dans une ville de Galilée du nom de Nazareth, à une jeune fille accordée en mariage à un homme nommé Joseph, de la famille de David ; cette jeune fille s'appelait Marie. L'ange entra auprès d'elle et lui dit : « Sois joyeuse, toi qui as la faveur de Dieu, le Seigneur est avec toi. » À ces mots, elle fut très troublée, et elle se demandait ce que pouvait signifier cette salutation. L'ange lui dit : « Sois sans crainte, Marie, car tu as trouvé grâce auprès de Dieu. Voici que tu vas être enceinte, tu enfanteras un fils et tu lui donneras le nom de Jésus. Il sera grand et sera appelé fils du Très Haut. Le Seigneur Dieu lui donnera le trône de David son père ; il règnera pour toujours sur la famille de Jacob, et son règne n'aura pas de fin. » Marie dit à l'ange : « Comment cela se fera-t-il puisque je suis vierge ? » L'ange lui répondit : « L'Esprit Saint viendra sur toi et la puissance du Très Haut te couvrira de son ombre ; c'est pourquoi celui qui va naître sera saint et sera appelé Fils de Dieu. Et voici qu'Élisabeth, ta parente, est elle aussi enceinte d'un fils dans sa vieillesse et elle en est à son sixième mois, elle qu'on appelait la stérile, car rien n'est impossible à Dieu. » Marie dit alors : « Je suis la servante du Seigneur. Que tout se passe pour moi comme tu me l'as dit ! » Et l'ange la quitta (Évangile selon Luc, chapitre 1, versets 26 à 38) .

Pour un lecteur du Ier siècle, cette Annonciation par l'ange Gabriel signifie clairement qu'une révélation a lieu et qu'elle touche la fin des temps. Gabriel, reprenant l'oracle du prophète Isaïe (Livre d'Isaïe, chapitre 7, verset 14), annonce la venue du roi Messie attendu par le peuple d'Israël.

Quelques mois plus tard, ou quelques versets plus loin, c'est encore un ange qui annonce aux bergers la naissance de Jésus et indique sa mission : Sauveur – Christ – Seigneur.

Tous ces récits ont le même but : montrer que le Christ qui est ressuscité au matin de Pâques est bien ce Jésus, né de Marie, et donc le désigner comme Dieu dès sa naissance d'homme. C'est l'intervention des anges messagers de Dieu qui permet d'annoncer ce que nul ne peut imaginer et qui ne peut être révélé que par Dieu : l'Incarnation. Jésus est un vrai homme, né d'une femme, Marie, et Jésus est vraiment Dieu, conçu du Saint-Esprit.

Ainsi, lorsque, dans la Bible, un ange parle, il attire l'attention sur un événement apparemment banal et lui donne une autre dimension.

Le pasteur A. Dumas explique : « Il y a des anges dans la Bible et dans la vie quand ce dont nul n'est témoin doit pourtant être connu, quand ce que l'homme ne peut voir cependant arrive et qu'il en faut publication, annonce, évangile. » Les anges sont là pour rappeler que Dieu veut communiquer avec nous et que cette communication est un don qui dépasse les capacités humaines. La présence d'un ange est signe qu'on dit l'indicible, qu'on montre l'invisible. Non seulement les anges annoncent quelque chose de la part de Dieu, mais ils annoncent quelque chose de Dieu, ils incarnent des qualités de Dieu. On pourrait remplacer les mots « anges du Seigneur » par « Seigneur Dieu ». Les anges sont des manifestations de Dieu.

Apparaissant à la place de Dieu, ils permettent de sortir du dilemme : ou bien Dieu est inconnaissable, ou bien Dieu est totalement à notre image. Ils permettent de garder la distance. Ils représentent comme des « éclairs de connaissance » possible de Dieu, des flashs braqués sur un aspect de Dieu, des éclairages, des mises en lumière, alors que Jésus est le Christ, révélation totale de Dieu, « lumière née de la lumière ».

Si le Saint-Esprit est l'interprète, pourquoi des ambassadeurs ?

Les anges embarrassent aussi les chrétiens, car leur rôle ne semble pas correspondre à ce que Jésus révèle des rapports entre Dieu et nous : « Quand l'Esprit viendra, il vous conduira vers la vérité tout entière. » Pourquoi avoir recours à des miroirs-reflets de Dieu, à des images de Dieu, si proches soient-elles, si l'on peut être imprégné de l'Esprit même de Dieu ?

Il y a du « céleste » en nous. Si Dieu nous a créés à son image (Livre de la Genèse, chapitre 1, versct 27), s'il a insufflé son haleine de vie dans nos narines de terreux (Livre de la Genèse, chapitre 2, verset 7), s'il « répand sur nous son Esprit » comme les prophètes l'ont annoncé et comme Jésus l'a promis, il y a en chacun une part de spirituel. Il arrive que nous expérimentions par fragments cette vie de Dieu, cette vie éternelle. Il arrive que nous décollions de nos lourdeurs et que quelque chose de Dieu transparaisse en nous. Chacun peut au plus profond de lui être comme en communion avec Dieu. Chacun peut être porteur de Dieu et devenir comme un messager pour autrui. Car enfin avons-nous rencontré Dieu ? Avons-nous rencontré Jésus ? Ce sont des chrétiens que nous avons rencontrés et, le plus souvent, pas des saints mais, peut-être, des anges ?

Cette part angélique, reflet de Dieu pour d'autres, porteuse de son message de la Bonne Nouvelle, cohabite avec nos semelles de plomb et nos limites. Il y a comme une lutte en chacun de nous, une lutte de nous contre nous, de l'« ange » et de la « bête ».

On peut ainsi interpréter la lutte entre l'archange Michel et le dragon dans le Livre de l'Apocalypse (chapitre 12, versets 7 et 8) : *« Il y eut un combat dans le ciel : Michel et ses anges combattirent contre le dragon. Et le dragon combattait avec ses anges mais il n'eut pas le dessus. Il ne se trouva plus de place pour eux dans le ciel. Il fut précipité, le grand dragon, sur la terre et ses anges avec lui. »*

On retrouve ce même schéma dans la lutte de Jacob avec l'ange (Livre de la Genèse, chapitre 32, versets 23 à 32). On peut y lire la lutte intérieure de Jacob avec lui-même : sa part divine contre sa part infernale.

C'est pourquoi, d'après Jésus, les « élus » seront comme des anges, non pas des êtres évanescents mais des humains dans toute leur épaisseur, qui auront assumé en eux cette lutte et dans lesquels, enfin , « naturel » et « surnaturel » seront réconciliés.

Du merveilleux à l'émerveillement : il y a de l'ange en toi

Est-ce qu'il y a de vrais anges ?

Les anges de la Bible sont des messagers de Dieu, des facteurs de bonnes nouvelles. Au cours des siècles, les croyants ont beaucoup réfléchi aux anges et si on trouve des anges dans de très nombreuses religions, c'est peut-être parce que cette idée correspond à une réalité invisible. En tout cas, parler des anges apprend qu'on ne doit pas accepter comme vraies uniquement les choses visibles.

En pensant aux anges, en leur donnant des noms qui sont le plus souvent des noms qu'on peut aussi donner à Dieu, les hommes ont peu à peu mieux « compris » comment est Dieu et pourquoi il est à la fois très grand, très haut et aussi proche qu'un père. Parler des anges, c'est approfondir sa connaissance de Dieu, en approcher de façon plus fine.

Mais rien ne sert de scruter le ciel pour y découvrir des extra-terrestres ailés. Regarde autour de toi. A chaque fois que quelqu'un, un adulte, un enfant, nous fait entendre « le murmure d'un silence ténu » comme lorsque le prophète Élie a reconnu Dieu, c'est comme si, d'un battement d'ailes, il soulevait nos pesanteurs terrestres pour qu'affleure dans notre monde le monde de Dieu. Alors on a bien envie de l'appeler un ange et on a bien envie de croire que nous sommes tous capables d'être des anges pour quelqu'un. Parfois pour moi tu es un messager de Dieu, un ange, et j'aimerais l'être pour toi aussi.

L'ange, c'est peut-être simplement une invitation à découvrir en nous quelque chose de divin, à le faire grandir, à l'éclairer. C'est parfois totalement invisible, parfois imperceptible, mais il ne tient peut-être qu'à nous de le faire rayonner. Il ne tient qu'à toi.

XV

Il existe, le diable ?
L'énigme du mal

Satan, Lucifer, Belzébuth, Méphisto, Bélial, le Malin, le Démon, le Prince des Ténèbres… Pour avoir autant de noms, c'est que c'est quelqu'un !

D'ailleurs des diables, il y en a plein les images, les affiches de cinéma, les piliers des cathédrales. Même la Bible le met en scène. Dans l'Ancien Testament, on le reconnaît sous les traits du serpent du « paradis terrestre ». Dans le Nouveau Testament, après avoir été sa cible au désert, Jésus le chasse et guérit les « démoniaques ». Et chaque nouveau chrétien, lors de son baptême, renonce à Satan, « l'auteur du péché ».

Ce n'est pas moi, c'est lui !

Il suffit d'une réflexion entendue au cours d'une colère – « Qu'il aille au diable ! » – ou d'une remontrance maladroite – « Tu es un vrai diable ! » – pour qu'un jeune enfant s'effraie. La nuit, dans le noir, n'y aurait-il pas un diable dans le placard ou sous le lit ? Me veut-il du mal ?

Plus sérieusement, comme nous, les enfants rêvent de paradis où tout le monde est beau et gentil et, comme nous, ils ont le sentiment qu'on n'y arrivera jamais. Comme nous, ils ressentent cette terrible impression que le mal est bien plus fort qu'eux et vivent cette sorte de combat intérieur entre ce qu'on voudrait être et ce qu'on fait.

Qu'un enfant le veuille ou non, le mal le surprend, le séduit ; il s'y laisse prendre. Il ne voulait pas et, pourtant, voilà les misères du cœur, les mensonges, les jalousies…

A qui la faute ? Les enfants savent imaginer une solution : le monde serait habité d'esprits maléfiques et puissants qui joueraient avec nous comme avec des marionnettes. Il y aurait, tout autour de nous, des diables cachés et malfaisants dont nous serions les jouets. Alors nous ne serions pas coupables, seulement « envoûtés », et nous pourrions dire comme Ève au paradis terrestre : « Ce n'est pas moi, c'est lui ! » Mieux encore, nous pourrions éventuellement apprivoiser ces esprits par des gestes de soumission, de marchandage ou de sacrifice.

L'histoire d'un univers magique

C'est émouvant de retrouver cet univers magique des enfants dans l'enfance de l'humanité. Nos ancêtres ont personnifié et parfois divinisé le mal pour s'en débarrasser.

L'animisme, qui remonte aux âges les plus anciens de l'histoire, consiste en effet à croire que tout ce qui existe est « animé », c'est-à-dire pourvu d'une « âme », bonne ou mauvaise, que la nature est peuplée d'esprits bons ou mauvais. La vie consiste donc à respecter ces esprits, à se les concilier, à détourner les forces néfastes.

L'univers culturel des Hébreux, les ancêtres des juifs, était très marqué par l'animisme. Et on trouve, dans la Bible, des traces des mythologies des peuples voisins. Dans le Livre d'Isaïe apparaît Lilith, un démon femelle babylonien : *Les chats sauvages y rencontreront les hyènes, les satyres s'y répandront. Et là aussi s'installera Lilith : elle y trouvera le repos* (chapitre 34, verset 14).

Dans le Livre de Tobit, on trouve Asmodée, un démon iranien : *Elle avait été donnée sept fois en mariage, et Asmodée, le démon mauvais, avait tué chaque fois ses maris avant qu'ils ne se soient unis à elle* (chapitre 3, verset 8).

Plus généralement, tous les dieux des peuples païens furent plus ou moins rangés par les juifs parmi les puissances démoniaques puisqu'il n'existe pour eux qu'un seul Dieu, le Dieu d'Abraham, d'Isaac et de Jacob.

Le diable de l'Ancien Testament est celui qui tente de diviser Dieu et les humains. C'est l'accusateur qui dénonce à Dieu les imperfections des hommes. Il fait donc partie de l'univers familier des juifs du Ier siècle.

Jésus, les apôtres, les auteurs des Évangiles vivent dans un milieu où l'on parle de puissances démoniaques. Jésus lui-même est traité par ses adversaires de Beelzeboul. Il s'agit d'une vieille divinité phénicienne : « *Baal ze bûl* », « Baal le prince », rebaptisé en hébreu « Beelzeboul, le prince des démons ».

Le Nouveau Testament met donc en scène Satan, adversaire direct de Jésus dans les tentations au désert et adversaire plus caché dans les malades « démoniaques », les scribes et les pharisiens, et même dans son apôtre Pierre, scandalisé par l'annonce que le Fils de Dieu doit mourir : *Retire-toi ! Derrière moi, Satan, car tes vues ne sont pas celles de Dieu, mais celles des hommes* (Évangile selon Marc, chapitre 8, verset 33).

Au cours des siècles, la question du diable n'a jamais lâché les chrétiens. L'Église a toujours combattu les philosophies dualistes comme le manichéisme* pour montrer qu'il ne faut pas donner au diable plus de place qu'il n'en mérite, qu'il n'est pas un dieu et que nous ne sommes pas les enjeux d'un combat entre un dieu du bien et un dieu du mal.

En revanche, au temps des luttes contre la sorcellerie, on a été tenté de voir des diables partout et l'Inquisition a atteint des records d'abomination, persuadée que des

---

* Manichéisme : doctrine de Manès, un Perse du III⁰ siècle qui tenta de fusionner le christianisme avec la doctrine de Zoroastre. Il expliqua le mélange du bien et du mal en attribuant le monde à deux créateurs : le dieu bon et le dieu mauvais ou diable. Le manichéisme, très important jusqu'au IX⁰ siècle, réapparut plus tard chez les cathares. On a, par la suite, attribué le nom de manichéisme à toute doctrine fondée sur les deux principes opposés et égaux du bien et du mal.

milliers d'hommes et de femmes avaient conclu un pacte avec le démon.

Et même aujourd'hui, des gens disent qu'ils ne sont pas sûrs de croire en Dieu, mais qu'ils sont sûrs qu'il y a des démons !

Le diable et le bon Dieu

Le mot *diabollein,* en grec, signifie « jeter de côté et d'autre », « diviser ». Le diable, c'est le diviseur. Le mot *satan,* en hébreu, est un nom commun qui signifie « adversaire ».

Ainsi, bien que « diable » ou « satan » soient des noms communs, les Évangiles le présente comme un personnage, spécialement dans le récit des tentations de Jésus :

Alors Jésus fut conduit par l'Esprit au désert, pour être tenté par le diable. Après avoir jeûné quarante jours et quarante nuits, il finit par avoir faim. Le tentateur s'approcha et lui dit : « Si tu es le Fils de Dieu, ordonne que ces pierres deviennent des pains. » Mais il répliqua : « Il est écrit : Ce n'est pas seulement de pain que l'homme vivra, mais de toute parole sortant de la bouche de Dieu. » Alors le diable l'emmèna dans la Ville Sainte, le plaça sur le faîte du Temple et lui dit : « Si tu es le Fils de Dieu, jette-toi en bas, car il est écrit : Il donnera pour toi des ordres à ses anges et ils te porteront sur leurs mains pour t'éviter de heurter du pied quelque pierre. » Jésus lui dit : « Il est aussi écrit : Tu ne mettras pas à l'épreuve le Seigneur ton Dieu. » Le diable l'emmèna encore sur une très haute montagne ; il lui montra tous les royaumes du monde avec leur gloire et lui dit : « Tout cela je te le donnerai, si tu te prosternes et m'adores. » Alors Jésus lui dit : « Retire-toi, Satan ! Car il est écrit : Le Seigneur ton Dieu tu adoreras et c'est à lui seul que tu rendras un culte. » Alors le diable le laissa, et voici que des anges s'approchèrent, et ils le servaient (Évangile selon Matthieu, chapitre 4, versets 1 à 11).

Ce récit, qui met en scène le diable comme un séducteur auquel Jésus est confronté pendant son séjour de quarante jours au désert, est comme un résumé des tentations que les foules qu'il a rencontrées ont exercées sur lui tout au long de sa vie :
• affirmer son personnage en faisant de merveilleux miracles dont il retirerait prestige ;
• obliger Dieu à intervenir pour prouver qu'il est son Fils ;
• profiter de son rôle pour devenir un personnage puissant.

Le diable qui est face à Jésus, ce sont ses adversaires qui tentent de le faire dérailler de sa « mission ». Le diable pourrait être nous. Le diable, n'est-ce pas aussi la part de fragilité que Jésus a en lui, comme tout être humain, celle qui aurait pu le faire succomber ?

Jésus s'est battu contre le mal ; il a montré que le mal n'avait pas le dernier mot, que le dernier mot est à Dieu qui, malgré le mal, ne nous trouve pas indignes de son amitié et de sa confiance. Les tentations sont inévitables et peut-être nécessaires : nous attirant, elles nous mettent en route ; sur cette route, nous rencontrons des avatars.

Ainsi, on ne peut éviter de parler de la violence des tentations bien concrètes auxquelles on est affronté. Avec quels mots dire ce mal concret dont on ne peut expliquer comment il nous dépasse toujours ? Par sa présence et sa puissance, le mal ressemble à une personne. Alors, spontanément, on le personnalise.

Si certains pensent que Satan est quelqu'un, il n'est pas interdit d'y voir un langage symbolique qui permet tout à la fois de mettre en lumière les mille visages du mal et de garder sa part d'obscurité et d'inconnu. D'ailleurs, la profession de foi des chrétiens dit : « Je crois en un seul Dieu, le Père tout-puissant... Je crois en un seul Seigneur Jésus Christ, le Fils unique de Dieu... Je crois en l'Esprit Saint qui est Seigneur », mais ne parle pas du diable.

Alors, si Dieu seul est Dieu, le diable existe-t-il vraiment ?

Quand un enfant s'interroge sur l'existence du diable, tâchons de ne pas renforcer en lui les manifestations d'une religiosité magique, mais laissons-lui aussi le temps d'exprimer tout le monde complexe de son imaginaire sans vouloir trop vite lui donner des « vues justes ». La façon qu'on a de parler du diable permet d'apprécier le combat dans lequel nous sommes engagés : on ne fait pas le bien comme on respire, sans obstacles et sans lutte. Mais accuser trop vite un diable de tous nos maux ne favorise pas l'éveil de la responsabilité.

Les parents savent bien qu'ils libèrent leurs enfants quand, plutôt que de les immobiliser dans leur culpabilité, ils leur pardonnent un méfait et les encouragent à repartir.

Alors, quand nos enfants demandent : « Il existe, le diable ? », peut-être pouvons-nous leur répondre : si tu parles d'un monstre avec des cornes et une queue fourchue, je crois bien qu'il n'existe qu'en images. Si tu parles de l'envie et du plaisir que tu as à faire du mal, ça existe. Est-ce toi tout seul, ou est-ce que ça t'est soufflé par une puissance en dehors de toi ? Ce que tu sens de méchant en toi, ce que tu sens de mauvais dans ton esprit, est-ce que ça vient d'esprits mauvais ? Bien des gens le croient. En tout cas, tu es en colère contre toi, tu t'en veux, tu es partagé, ça te divise. Moi, c'est cette division que j'appelle diable, car diable c'est un autre mot pour dire division.

Alors, une fois qu'on sait ça, il faut apprendre à vivre avec. Moi, pour m'aider, j'écoute Jésus. Il dit : « Courage, j'ai vaincu le mal ! » C'est comme s'il nous disait : « Tu n'es pas parfait, tu es parfois méchant et mauvais, tu n'arrives pas à être bon. Fais avec, admets tes ratés, ne reste pas prisonnier de tes déceptions. Ne t'arrête pas, va en paix. Pense aussi à tout le bien que tu peux faire. Vis et sois heureux de vivre. »

XVI

C'est vrai que c'est Jésus qui m'a punie ?

La culpabilité peut-elle mener au Dieu de Jésus ?

Alors que c'était défendu, Pascale est grimpée sur le muret de la clôture, au risque de tomber dans les ronces. C'est ce qui est arrivé.

Gilles a fait un croche-pied à son copain dans la cour de la maternelle au risque de lui faire mal. C'est ce qui est arrivé. Mais, du coup, Gilles n'a pas vu la marche et... il a les deux genoux « couronnés ».

Ce n'est pas bien de désobéir. C'est mal d'être méchant. Ça mérite peut-être une punition. La désobéissance de Pascale, la méchanceté de Gilles ont provoqué des petits malheurs qui semblent bien mérités.

Alors, peut-on penser, ou donner à penser, que les malheurs et la souffrance qui les accompagne sont une punition pour le mal qu'on a fait et une punition infligée par Dieu ou par Jésus ?

La faute à qui ? Pas juste !

• C'est ma faute ?
Tout petit, un enfant ne se rend pas compte des conséquences de ses gestes. Ce n'est que peu à peu qu'il prend conscience de ce qu'est « être responsable », responsable de bonheurs, mais aussi du mal qu'il fait. À son échelle, il découvre que les malheurs et la souffrance sont très souvent conséquences de la méchanceté, de la violence, de l'orgueil, de l'injustice des humains.

Et c'est l'une des grandes tâches de l'éducation que d'aider les enfants à discerner ce qui provoque du bonheur et ce qui provoque du malheur, ce qui est bien et ce qui est mal.

Pour vivre heureux en société, il est nécessaire de respecter un certain nombre de lois et d'interdictions. Lorsqu'un enfant fait ce qui n'est pas permis, il se sépare d'un certain ordre des choses et il en est souvent malheureux. Dans ce cas une punition peut lui donner l'impression que tout rentre dans l'ordre et lui permettre de repartir, surtout s'il sait que la punition n'ôte rien à l'amour que ses parents ont pour lui.

• Jésus serait-il injuste ?
Si Jésus, le Seigneur, punit quand on fait du mal, alors tous les méchants devraient être malheureux et il devrait récompenser les bons. Ce n'est pas le cas. Des

gens de bien souffrent et nous connaissons tous des mauvais pour qui tout s'arrange. Cela n'échappe pas longtemps aux enfants, qui immanquablement vont mettre en cause la curieuse justice divine qui fait lever le soleil aussi bien sur les bons que sur les méchants.

Et si un drame survient, comme la mort d'un papa ou la grave maladie d'un frère, alors Jésus n'est plus seulement injuste, il est odieux et haïssable : « Qu'est-ce qu'il avait bien pu faire de si mal mon papa ? Pourquoi Dieu il m'a pris mon papa ? »

Comment se protéger d'un Dieu pareil, nous qui ne serons jamais parfaits ? Quel prix va-t-il falloir acquitter ? Et peut-on se permettre de détester Dieu ?

• Comment sais-tu que c'est Jésus qui m'a puni ? Autrement dit : Qui es-tu pour parler au nom de Dieu ? Il y a une certaine prétention à lire dans un malheur un jugement de Dieu. Qui peut être sûr de savoir « lire » les signes de Dieu, qu'ils soient prodiges ou calamités ? Les adultes seraient-ils tout-puissants au point d'être dans les secrets de Dieu ?

L'histoire du déluge

Rappelons-nous l'histoire du déluge et de Noé (Livre de la Genèse, chapitres 6, 7, 8, 9 jusqu'au verset 17). Pourquoi les sages ont-ils écrit un tel récit ? Probablement parce que, regardant l'humanité, voyant le mal se multiplier, ils se sont dit : « Dieu doit en avoir assez, il doit être écœuré de nous voir si mauvais. » Alors, des inondations catastrophiques qu'avaient subies leurs lointains ancêtres en Mésopotamie et qui étaient restées dans les mémoires, ils ont fait une œuvre littéraire, imaginant que ces déluges étaient des punitions de Dieu, comme pour dire : « Si tu es noyé, c'est le Bon Dieu qui t'a puni ! »

Mais leur connaissance de Dieu a finalement abouti à un retournement. A la fin du récit du déluge, Dieu, qui a tout noyé, qui a englouti tout ce qui était vivant, à l'exception de Noé et de sa famille, se repent. Il se promet : « Jamais plus je ne maudirai la terre. Même si les hommes sont mauvais dès leur jeunesse, jamais plus je ne détruirai la vie. » Et Dieu fait alliance pour toujours avec tous les êtres vivants.

Autrement dit : malgré le mal (que Dieu ne détruit pas puisqu'il a juré de ne plus détruire), malgré nos imperfections, nous sommes les alliés, les partenaires de Dieu.

Mais on ne se défait pas facilement de cette image d'un Dieu vengeur. Des siècles plus tard, au temps de Jésus, ses disciples eux-mêmes étaient persuadés que les malheureux, les handicapés, les malades étaient des gens qui payaient ainsi leurs fautes passées ou même celles de leur famille.

Un jour, à Jérusalem, ils rencontrèrent un homme aveugle de naissance. Aussitôt, ils demandèrent à Jésus : « Maître, qui a péché pour qu'il soit né aveugle, lui-même ou ses parents ? » Et Jésus a défendu Dieu, affirmant qu'il n'était pas là pour corriger, qu'il n'y avait pas de coupable et montrant au contraire ce que Dieu pouvait faire en ouvrant les yeux de l'aveugle et aussi de bien des spectateurs (Évangile selon Jean, chapitre 9).

Péché résonne comme pardon, pas comme punition

Relisons la rencontre de Jésus avec une femme adultère prise en flagrant délit.

Dès le point du jour, Jésus revint au Temple et, comme tout le peuple venait à lui, il s'assit et se mit à enseigner. Les scribes et les pharisiens amenèrent alors une femme qu'on avait surprise en adultère et ils la placèrent au milieu du groupe. « Maître, lui dirent-ils, cette femme a été prise en flagrant délit d'adultère. Dans la loi, Moïse nous a prescrit de lapider ces femmes-là. Et toi, qu'en dis-tu ? » Ils parlaient ainsi dans l'intention de lui tendre un piège, pour avoir de quoi l'accuser. Mais Jésus, se baissant, se mit à tracer du doigt des traits sur le sol. Comme ils continuaient à lui poser des questions, Jésus se redressa et leur dit : « Que celui d'entre vous qui n'a jamais péché lui jette la première pierre. » Et s'inclinant à nouveau, il se remit à tracer des traits sur le sol. Après avoir entendu ces paroles, ils se retirèrent l'un après l'autre, à commencer par les plus âgés, et Jésus resta seul. Comme la femme était toujours là, au milieu du cercle, Jésus se redressa et lui dit : « Femme, où sont-ils donc ? Personne ne t'a condamnée ? » Elle répondit : « Personne, Seigneur » et Jésus lui dit : « Moi non plus, je ne te condamne pas : va, et désormais ne pèche plus » (Évangile selon Jean, chapitre 8, versets 1 à 11).

À l'époque, l'adultère était une faute dont le châtiment était prévu dans la loi juive. En toute justice, cette femme méritait d'être lapidée. Les pharisiens, qui sont des hommes pieux, obéissent à la loi et Jésus, qui est un juif pieux lui aussi, devrait logiquement s'aligner sur eux : la femme a désobéi à la loi de Dieu, elle doit être punie selon la loi.

Ce n'est pas ce que fait Jésus. Il commence par en appeler à la conscience de chacun : « Que celui qui n'a jamais péché lui jette la première pierre ! » Et, du coup, les accusateurs se retirent l'un après l'autre, à commencer par les plus vieux. Était-ce parce que, avec le temps, ils avaient accumulé plus de fautes ou était-ce parce que l'expérience les avait rendus plus sages ?

Puis Jésus s'adresse à la femme comme à une personne responsable, capable aussi de faire bien. Jésus n'admet pas que la faute de cette femme soit le dernier mot de sa vie. Il l'invite à vivre autre chose. Il la sort de l'image que son acte donne d'elle. Il la sort du rôle dans lequel l'attitude de son entourage l'a enfermée. Il lui ouvre un avenir : « Va et ne pèche plus ! »

Libérant la femme adultère, lui donnant par-delà sa faute une nouvelle chance de vivre, lui pardonnant, Jésus du même coup délivre Dieu de son image de père fouettard, justicier vengeur.

Jésus ne livre pas, il délivre. N'oublions pas qu'en hébreu, Jésus signifie « Dieu sauve ». Aussi, être chrétien, ce n'est ni avoir peur d'une punition possible ni attendre une récompense pour ses mérites. Être chrétien c'est plutôt faire confiance à Jésus pour dégager l'horizon, montrer la voie qui mène au bonheur.

Le nom de Jésus, c'est Sauveur, pas punisseur

Petit enfant, tu as fait du mal, tu as été méchant… Tu as bien raison de ne pas en être fier. Mais maintenant, sors de là, avance, n'aie pas peur.

Souviens-toi de l'histoire de Zachée, le petit grand voleur de Jéricho :

Jésus est à Jéricho. Il y a bousculade pour le voir passer. Zachée, le percepteur, est trop petit. Alors, il grimpe sur le grand sycomore. De là-haut, il peut voir Jésus. Jésus arrive sous l'arbre. Il s'arrête. Il lève les yeux vers Zachée et il dit : « Zachée, descends de ton arbre; aujourd'hui, je vais chez toi ».Vite, Zachée saute. Vite, Zachée court chez lui pour accueillir Jésus. Voyant cela, les gens protestent : « Il exagère, ce Jésus ! Il va chez un voleur ! Zachée n'est pas digne de recevoir Jésus dans sa maison ! » Zachée, lui, est tout joyeux ; il fait des promesses à Jésus : « J'ai amassé beaucoup d'argent. Alors, Seigneur, je vais donner aux pauvres la moitié de mes richesses. Et aux gens que j'ai volés, je vais rendre quatre fois plus que ce que je leur ai pris. » Jésus dit : « Aujourd'hui, le salut est arrivé dans cette maison ! Zachée aussi fait partie du peuple de Dieu. Je suis venu chercher ce qui était perdu ! » (Texte extrait de *Raconte-moi la Bible*, Centurion. Pour retrouver l'histoire de Zachée dans votre Bible : Évangile selon Luc, chapitre 19, versets 1 à 10.)

Jésus ne tient pas les comptes de nos méchancetés. Il ne fait pas le calcul de nos fautes. Il ne fait pas de calculs. Il ne punit pas. Il cherche à nous redonner souffle quand nous étouffons sous la honte, à défaire les nœuds qui nous attachent à nos fautes. Jésus cherche à faire de nous des fils de Dieu, comme s'il voulait nous faire renaître.

145

XVII

À quoi sert le feu rouge dans l'église ?

Lumières sur une présence invisible

Il est rare qu'on ait repéré le « feu rouge » de l'église avant d'y avoir accompagné un jeune enfant ! Mais il n'est pas sot de surnommer ainsi la petite lampe, assez souvent recouverte d'un verre teinté rouge, qui brille en permanence devant le tabernacle, la « lampe de sanctuaire ». En effet, des gens marquent là un bref arrêt, le temps d'un signe de croix, d'une inclination ou d'une génuflexion, d'autres s'y arrêtent un long moment pour prier.

Alors, à quoi sert-il, ce « feu rouge » ?

Un détour par l'histoire du peuple d'Israël

Environ 1 200 ans av. J.-C., les tribus d'Israël, juste
sorties d'Égypte, errent en exode dans le désert du
Sinaï, sous la conduite de Moïse. Au Mont Horeb,
Dieu fait alliance avec ce peuple qui reçoit en cadeau
la loi des dix commandements. Cette loi indique
comment vivre avec Dieu. Elle est donc très précieuse.
Alors, Moïse la fait graver sur des pierres ; puis,
pour abriter ces « Tables de la Loi », le peuple
d'Israël fabrique un coffre en bois d'acacia plaqué
d'or fermé par un couvercle d'or surmonté de deux
« anges » face à face qui veillent sur ce coffre. Le coffre est appelé « Arche d'Alliance ». Les hommes
le transportent sur leurs épaules tout au long de leur
longue traversée du désert. Il devient le signe de la
présence de Dieu au milieu de son peuple. Le soir, au
campement, lorsque chaque famille monte sa tente, on
monte aussi une tente pour abriter l'Arche d'Alliance ;
c'est la tente de Dieu, la demeure de Dieu parmi les
hommes. La traduction latine du mot hébreu signi-
fiant « tente » était *tabernaculum,* qui a donné « tabernacle » en français.

Lorsque le peuple d'Israël s'est installé en Terre Promise, le pays de Canaan, les gens sont devenus séden-
taires. Ils ont construit des maisons pour eux et bientôt
aussi une maison pour Dieu : le Temple de Jérusalem.
Au cœur de ce temple, une petite salle, le « Saint des
Saints », abritait l'Arche d'Alliance et des lampes à
huile y brûlaient en permanence. On peut y voir l'origine de la lampe de sanctuaire de nos églises.

La vraie lumière

Il y a probablement toujours eu des lampes dans les lieux de culte chrétiens. Toutefois, cette lampe de sanctuaire joue un rôle particulier.

Elle se trouve toujours devant le tabernacle, la petite armoire où sont gardées les hosties consacrées à la messe et qui restent après la communion. Ces hosties, destinées d'abord à être portées à des malades ou à être consommées lors d'une assemblée dominicale sans prêtre, sont, pour les chrétiens catholiques et orthodoxes, sacrements de la présence du Christ.

La lampe qui brûle devant le tabernacle est donc signal, avertissement de la présence parmi nous de « la vraie lumière qui, en venant dans le monde, illumine tout homme ».

Cette lampe n'est pas un feu rouge, mais un vrai signal

La lampe de sanctuaire invite donc au respect et à la prière. Alors, nous pouvons bien dire aux enfants que si elle n'est pas un feu rouge elle est un vrai signal pour dire : Jésus le Christ est avec nous.

Et pourquoi ne pas s'arrêter là quelques secondes, le temps de leur apprendre l'autre nom de Jésus, celui que l'ange du Seigneur, juste avant sa naissance, a confié à Joseph dans un songe : « Emmanuel », nom hébreu qui veut dire « Dieu avec nous » ; quelques secondes, juste le temps de dire merci à Dieu pour cette bonne nouvelle et de laisser monter en nous la joie de le découvrir si proche comme monte dans la pénombre la flamme d'une chandelle ou la lumière d'une lampe.

XVIII

Pourquoi on trempe la main dans l'eau en entrant dans l'église ?

Le symbole de l'eau

Les enfants sont observateurs. Rien ne leur échappe, pas même ces gestes que beaucoup ne font plus, précisément peut-être parce que le sens en est oublié. Pourquoi se signer avec de l'eau, et de l'eau bénite, en entrant dans une église ? Et d'abord, qu'est-ce que c'est, de l'eau bénite ?

Bénir, c'est dire du bien. Bénir Dieu, c'est lui dire tout le bien que l'on pense de lui et reconnaître le bien qu'il apporte dans notre vie, voir que cela est bon.
Bénir l'eau, c'est demander à Dieu qu'il bénisse lui-même l'eau et nous fasse profiter de tous ses bienfaits.

C'est aussi lui demander que tous ceux qui vont faire usage de cette eau puissent exaucer ce qu'il désire.

Les enfants éprouvent du bien-être, lorsqu'ils sont tout sales, à se plonger dans un bain tiède, s'y allonger, s'y reposer et en sortir tout propres. Ils aiment regarder la transparence de l'eau, se rouler dans la rosée, jouer à transvaser, tendre leur visage sous la pluie ou sauter dans les flaques. Ils connaissent le plaisir de l'eau !

Enjambant les gros tuyaux qui drainent les campagnes trop humides, riant des grands jets qui arrosent les maïs, s'étonnant de la hauteur d'un barrage, ils savent le travail de domestication de l'eau.

Arrosant généreusement leurs plantes pour les faire grandir, buvant goulûment le jour où une grosse fièvre les abat, plongeant un bras dans l'eau glacée d'un abreuvoir au midi d'une journée brûlante, ils ont une idée de notre besoin d'eau.

Celui qui a écouté le murmure d'une source suintant sous les pierres, celui qui a été déçu de ne trouver qu'un lit à sec sous le pont, celui qui a vu le bord pollué du lac, celui qui a entendu l'inquiétude des agriculteurs lorsque même chez nous l'eau vient à manquer, celui-là est entré dans le mystère des eaux fragiles et précaires.

Celle qui a heurté du pied un galet roulé dans le reflux d'une vague, celle qui a vu l'eau bouillonner dans un torrent et creuser les rochers les plus durs, celle qui a vu prés et rues inondés après la tempête, celle-là a compris les eaux turbulentes capables de tout détruire.

Ainsi, les enfants savent que là où l'eau surgit, s'écoule, s'infiltre, là est la vie ; là où l'eau s'évapore, les puits tarissent, le désert s'installe et la vie s'éloigne. Les enfants savent que la vie dépend de l'eau. Ils peuvent donc comprendre le symbole de l'eau dans la religion.

Les historiens trouvent souvent aux lieux où l'eau jaillit des traces de cultes, preuves que des croyants divers ont vénéré les sources comme des déesses ou des bénédictions divines.

Les juifs, eux, habitaient des régions où il était essentiel de se préserver de la sécheresse. Il n'est donc pas étonnant que l'eau tienne une grande place dans le langage de la Bible.

Dès les premières pages, au moment de la création du ciel et de la terre, lorsque tout était désert et vide dans l'obscurité, le souffle de Dieu planait sur les eaux.

Puis, il y a les eaux du déluge qui engloutissent tout ce qui vit à la surface de la terre mais sont suivies de la grande promesse de Dieu à l'amorce d'un monde nouveau : « Plus jamais je ne maudirai la terre, plus jamais je ne détruirai la vie, même si les hommes sont mauvais ! »

Il y a l'eau des puits où s'installent Abraham ou Jacob. Et les eaux de la mer Rouge que Dieu fait reculer pour que les tribus d'Israël puissent passer à pied sec sur l'autre rive et être sauvées tandis que les vagues, en refluant, engloutissent l'armée du pharaon d'Égypte.

Il y a l'eau que Moïse fait sourdre du rocher en le frappant de son bâton pour abreuver et rafraîchir le peuple en exode. Il y a l'eau du fleuve Jourdain que les gens d'Israël traversent pour entrer en Terre Promise, celle-là même où Jésus fut baptisé au début de sa vie « publique ».

Jésus, à son tour, a utilisé abondamment l'eau et son langage pour parler de la vie. Il est donc naturel qu'elle demeure un symbole fondamental pour les chrétiens.

C'est l'eau changée en vin à Cana, l'eau du lac de Tibériade, de la pêche miraculeuse, de la tempête apaisée, l'eau qui sépare les deux rives et sur laquelle marche Jésus. C'est l'eau des piscines de Jérusalem, lieux de guérisons miraculeuses. C'est l'eau qui s'écoule du côté de Jésus après sa mort. C'est l'eau dans laquelle furent immergés ceux qui, les premiers, voulurent devenir disciples de Jésus en étant baptisés.

C'est tout cela que rappelle l'eau du bénitier à l'entrée de l'église.

Tout cela et plus encore : l'eau avec laquelle se signent des chrétiens rappelle aussi l'eau de nos baptêmes. Comme nous sommes sortis des eaux amniotiques pour naître, nous avons été plongés réellement ou symboliquement, par aspersion, dans l'eau du baptême et nous en avons émergé pour naître à la vie d'enfants de Dieu.

Lorsque des gens, à l'entrée d'une église, font un signe de croix sur eux avec de l'eau bénite, leur geste est une prière. Ils demandent à Dieu d'être tout entiers plongés dans sa vie, de la tête au ventre, d'une épaule à l'autre, tout entiers vivants avec Dieu : Père, Fils, Saint Esprit.

Se signer avec de l'eau bénite, c'est remercier Dieu de se mettre en trois pour nous accueillir comme ses enfants dans sa famille avec tous les autres chrétiens.

Aider un petit enfant à tremper sa main dans l'eau du bénitier puis à dessiner sur son corps le signe de la croix, c'est lui dire en geste : Dieu est notre source, nous baignons en Dieu comme le bébé dans les eaux amniotiques. Dieu est autour de nous comme une maman autour de l'enfant qui va naître.

XIX

Pourquoi je n'ai pas droit au pain de la messe ?
Éduquer le sens de la communion

« Heureux les invités au repas du Seigneur ! » dit le prêtre. Et ceux qui veulent communier s'avancent pour recevoir le pain. A ce moment, les tout jeunes enfants qui accompagnent leurs parents demandent : « Et moi ? Pourquoi on ne m'en donne pas, du pain de la messe ? » Et les voilà malheureux, ces petits, comme privés de cette invitation du Seigneur. Alors que faire, que dire ? Comment concilier le fait que les enfants ont leur place dans l'assemblée des chrétiens, peuvent participer véritablement à une communion avec le maintien d'une différence entre ceux qui partagent le pain et ceux qui ne semblent pas y être invités dans l'immédiat ? Comment concilier leur jeunesse avec la gravité du geste qui consiste à manger le corps du Christ ? Comment leur faire saisir pourtant qu'ils ne sont pas exclus ?

Il y a une bonne réponse immédiate qui, toujours, s'appuie sur trois éléments : pour communier, il faudrait savoir ce qu'est ce pain de la messe qu'on appelle « corps du Christ », il faut avoir envie de connaître Jésus, et désirer prendre de plus en plus sa place dans la famille des chrétiens.

Au-delà de la réponse immédiate, afin de préparer les enfants à communier pour la première fois, il est bon de réfléchir un peu à chacun de ces trois éléments.

Le pain de la messe n'est pas du pain ordinaire, pourtant c'est bien « le fruit de la terre et du travail des hommes et des femmes »

Avant de communier pour la première fois, un enfant a besoin de distinguer le pain de la communion du pain qu'il mange au petit déjeuner.

Le mot « hostie », du latin « *hostia* », veut dire « victime donnée ». Il y a très longtemps, les gens offraient des victimes (par exemple, des agneaux) à leur Dieu pour lui demander son amitié. Jésus a montré que Dieu donne son amitié gratuitement et il a remplacé l'offrande habituelle, toute matérielle, par sa vie tout entière, vraie offrande à Dieu.

Pendant son souper d'adieu, la Cène, il a béni le pain et l'a partagé à ses disciples en disant : « Prenez, mangez, ceci est mon corps livré pour vous. » Autrement dit : ceci est ma vie. Mangez ce pain, nourrissez-vous de ma vie, de ma vie faites votre vie et vous serez unis à Dieu. À votre tour, faites de votre vie une offrande à Dieu. Et cela veut dire encore : vous êtes tous invités par Dieu dans son Royaume. Ce sera comme un grand festin où tout le monde trouvera sa place.

En attendant ce jour, les chrétiens annoncent que le règne de Dieu a déjà commencé avec la mort et la résurrection de Jésus et ils continuent à rompre le pain selon l'invitation de Jésus : « Faites cela en mémoire de moi. » D'ailleurs, les premiers chrétiens nommaient la messe « la fraction du pain ».

D'après les Évangiles, c'est au moment de la pâque juive que se situe la mort de Jésus et la Cène porte l'empreinte des rites du repas pascal. Pour les juifs du Ier siècle, comme pour ceux d'aujourd'hui, il s'agissait de célébrer Dieu qui libère. Ils faisaient mémoire du passage de Dieu en Égypte pour délivrer son peuple de l'esclavage et l'emmener, sous la conduite de Moïse, vers une terre promise.

Dans ce repas, on partageait l'agneau rôti rappelant le sacrifice des agneaux avec le sang desquels les Hébreux d'Égypte avaient fait une marque sur les portes de leurs maisons, les herbes amères rappelant l'amertume de leur esclavage, une pâte de noix rappelant le mortier utilisé pour les grands travaux du pharaon, de l'eau salée symbolisant les larmes versées et des pains de grains nouveaux, sans levain, en mémoire du départ précipité sans laisser à la pâte le temps de fermenter. Ils proclamaient leur foi en de nouvelles libérations et leur attente d'un messie libérateur.

Ainsi, lorsque Jésus, aux bénédictions pascales traditionnelles, ajoute : « Ce pain est mon corps », il se présente comme celui qui se livre pour délivrer.

À la communion, lorsque les enfants mangent ce pain appelé hostie, il est utile qu'ils connaissent un minimum de cette longue histoire.

À l'origine (et encore parfois maintenant), c'était du pain ordinaire qui était consacré. Nos hosties d'aujourd'hui sont bien du pain. Et le pain, c'est toute une histoire. Du laboureur à la vendeuse de la boulangerie, il y a les semeurs, les moissonneurs, les meuniers, les livreurs, les fabricants de machines, les boulangers. Le pain, c'est toute l'histoire de la vie : le travail, les soucis, l'attention, la confiance dans le temps qui passe, la terre, la pluie et le soleil qui font germer. D'ailleurs, ne dit-on pas indifféremment « gagner son pain » ou « gagner sa vie », prouvant ainsi l'équivalence entre le pain et la vie. Le pain symbolise tout le travail des hommes et des femmes qui consiste à rendre la terre habitable, nourrissante et humaine, comme le rappelle la fin du premier chapitre de la Bible, le récit de la création en sept jours : Dieu bénit l'homme et la femme et leur dit : « Emplissez la terre et organisez-là. Voici, je vous donne la terre et toutes ses graines et tous ses fruits. »

Les jeunes enfants sont particulièrement sensibles à cette démarche qui consiste à réfléchir sur ce qui est familier. Leur faire apprécier l'histoire du pain, c'est donner du poids à l'hostie pourtant si légère dans la main. C'est aussi leur montrer que rien de la vie de tous les jours n'est indifférent à Dieu. Même s'ils ne « comprennent » pas totalement que le pain de la messe dit toute l'histoire de nos vies, que toute notre histoire humaine devient Corps du Christ.

157

Manger le pain de la messe, c'est avoir faim de Jésus

Avant de communier pour la première fois, un enfant a besoin d'avoir déjà commencé une histoire d'amitié avec Jésus. Pour manger le pain de la messe, il est bon d'avoir savouré son histoire, de s'être délecté de ses rencontres, d'avoir goûté son enseignement, d'avoir envie de se rassasier de ses paroles.

Il est toujours possible de raconter aux plus petits enfants les récits des évangiles qui présentent Jésus.

A travers des moments aussi divers que sa naissance et son enfance, son baptême, ses succès de prophète suivi par les foules, ses rencontres, ses combats, ses échecs, sa passion, un enfant découvre Jésus comme un homme semblable à nous et lié d'une façon unique à Dieu. Par là peut se nourrir une amitié avec Jésus et avec Dieu.

Les paraboles de la brebis perdue, de la graine qui pousse toute seule, du voisin à qui on vient demander de l'aide en pleine nuit, du bon Samaritain se dévorent comme des aventures. Grâce à elles, un enfant entre dans la connaissance d'un trésor d'abord caché qui, peu à peu, dévoile ses multiples richesses.

A travers les évocations de Jésus tenté au désert, apaisant les tempêtes, éblouissant ses apôtres lors de sa transfiguration, apprenant aux disciples à prier Dieu, réveillant Lazare de la mort ou vivant ressuscité, un autre aiguisera son appétit d'étonnement et sa soif de découvrir davantage qui est le Christ.
C'est cette faim de Jésus que rassasie l'eucharistie.

Communier, c'est être uni aux autres

Avant de manger le pain de la messe pour la première fois, un enfant a besoin d'avoir rencontré des chrétiens. Ce serait dommage qu'il ne découvre pas d'autres gestes que ceux que font ses parents, d'autres mots pour Dieu que ceux prononcés par la maisonnée, d'autres sensibilités. C'est souvent en assistant à un mariage, ou à un baptême, ou encore en accompagnant leurs grands-parents à la messe que les jeunes enfants découvrent l'existence d'un peuple d'adultes qui se rassemblent pour remercier Dieu de leur avoir donné Jésus. Ces célébrations mettent en valeur la fraternité des croyants. Elles font naître une communion. Si on prie Dieu en disant « Notre Père », c'est que nous sommes sœurs et frères. Et l'« amen » qu'on dit en communiant est un accord : « D'accord, je reçois le corps du Christ ; d'accord, je veux devenir un membre vivant du corps du Christ. » Avec leur ambiance de fête, leurs lumières, leurs musiques, les chants qui jaillissent, des liturgies peuvent bien susciter chez les enfants l'envie de prendre leur place dans cette famille.

La communion n'est pas une récompense : ni pour les bons croyants (qui pourrait se vanter d'avoir assez de foi ?), ni pour les savants en Dieu (qui pourrait expliquer comment Jésus est présent dans le pain ?), ni pour les enfants sages. Communier n'est pas quitter sa place pour recevoir une hostie ; c'est se mettre en marche avec toute une foule pour une vie nourrie de la présence de Jésus.

Tous les enfants n'ont pas envie de communier. Certains le désirent vers 6, 7 ans, d'autres vers 12. Et tous les adultes ne communient pas non plus. On peut se préparer à communier à n'importe quel âge. Et il faut bien toute une vie pour découvrir ce que le Christ a fait en disant : « Prenez, mangez ce pain, c'est mon corps », changer le pain en sa vie pour que les chrétiens s'en nourrissent, soient changés et vivent de sa vie.

À la messe, au moment de la communion, d'autres gestes peuvent montrer aux enfants qu'ils ne sont ni oubliés ni écartés. Ici, un prêtre demande à des fidèles de donner la communion afin de disposer de ce moment pour les enfants. Il appelle chacun par son prénom et l'embrasse comme Jésus faisait avec les petits enfants qu'on lui amenait. Là, un curé de paroisse a eu l'idée de donner aux petits qui accompagnent leurs parents dans la procession de la communion une image illustrant l'Évangile, lu à la messe, ou l'histoire du pain. Les habitués réclament leur image et échangent les « doubles ».

Ailleurs, un « grand » rassemble ceux qui ne communient pas encore et leur propose une prière : « Seigneur Jésus, ceux qui vont communier, quand ils reçoivent le pain, répondent "amen" pour montrer qu'ils croient que tu les unis à lui. Nous qui ne communions pas encore, nous pouvons dire : tiens-nous bien unis tous ensemble. »

Oui, il y a bien des manières de rendre vrai pour les enfants qui ne communient pas : « Heureux les invités au repas du Seigneur ! »

XX

Si tante Anne est avec Jésus, pourquoi pleures-tu ?

La foi n'est pas inhumaine

On a dit de lui : « C'est le petit garçon qui a perdu sa tante. » On a dit devant lui : « Quand on est mort, on va voir Jésus. » On a dit : « Être auprès de Jésus ou vivre avec Dieu c'est le paradis. » On a dit : « Le paradis, c'est un jardin merveilleux où on vit heureux. » On a dit : « Un jour on s'y retrouvera tous. » On a dit, on a dit, et on se contredit en pleurant.

Une « grande personne » qui pleure, c'est impressionnant. Et puis, quand les larmes se préparent, on n'a pas envie d'en dire davantage, seulement d'attendre l'heure suivante et ainsi de suite, d'heure en heure s'habituer lentement à l'absence. On se cache de peur de s'effondrer. Mais on ne laisse pas un enfant désemparé.

161

Essayons de trouver les mots en fonction de la situation que traverse l'enfant. En voici une :

Ta tante était ma grande sœur et aussi une grande amie, une amie sûre. Elle me manque terriblement. Nous avions beaucoup de souvenirs, toutes les deux. Nous avons partagé des moments gais et d'autres moins gais. Notre histoire ensemble n'était pas finie et, brusquement, elle est interrompue. J'ai l'impression qu'une partie de moi est morte avec elle. Peut-être est-ce sur ma propre mort que je pleure. C'est tragique. Le monde continue sans elle. Alors il y a des moments où je lui en veux d'être morte, de m'avoir laissée. C'est un peu comme si j'étais dans une nuit noire et que je faisais un cauchemar. Mais je suis réveillée et le cauchemar continue dans la réalité. Alors ma salive prend un goût amer, une pieuvre serre mon cœur. Ma gorge se crispe et des larmes coulent sur mes joues. Je voudrais que quelqu'un me console et pourtant je n'ai pas envie d'être consolée ; je ne peux pas penser que je serai joyeuse demain, dans une semaine ou dans un an sans elle. Je voudrais retenir la vie au moment où elle posait sa main sur mon épaule, quand j'entendais son pas dans le chemin et sa voix dans mes oreilles. Je voudrais encore parler de toi avec elle.

Elle était heureuse de vivre et je pensais qu'elle pourrait vivre encore longtemps ; elle avait tant de projets ! On voudrait que ceux qu'on aime meurent le plus tard possible.

Je me répète que la mort n'est qu'un passage, qu'elle n'est pas la fin de tout. Nos parents nous ont mis au monde. Leur bonheur c'était de nous faire vivre comme nous nous sommes heureux de vous voir grandir.

Je crois que lorsqu'on fait naître un enfant, on le met aussi au monde de Dieu.

Jésus a dit : « Dieu est notre Père. Il n'abandonne pas ses enfants dans la mort. Son bonheur est de les faire vivre. » Et Dieu n'a pas abandonné Jésus dans la mort. Il l'a réveillé du sommeil de la mort, il l'a remis debout dans la vie. Dieu l'a ressuscité et Jésus est le premier-né d'entre les morts.

Et puis je crois aussi que lorsque la mort nous emmène de l'autre côté de la vie, on continue à être celui qu'on était avant.

Pour être moi, vraiment moi, il faut que je sois avec tous ceux qui me font être ce que je suis : mes parents qui m'ont fait naître, toi et mes autres enfants qui m'ont fait maman, ton papa, mon frère et ma sœur, mes amis qui m'ont aidée à grandir, à vivre, tous ceux qui ont contribué à faire de moi ce que je suis.

Voilà pourquoi je crois que si la mort est une terrible séparation, il y aura de merveilleuses retrouvailles. Nous nous reconnaîtrons, nous nous reverrons de nos yeux, nous nous embrasserons de nos bras, nous nous sourirons de nos bouches, ou peut-être ce ne seront pas ces yeux-là, ces bras-là, ces bouches-là, mais un jour nous serons réunis. Et là, là seulement, on pourra dire : « C'est la résurrection. »

Évidemment, on a toujours des doutes. J'ai peur que ce ne soit pas si simple. Les bons jours, j'y crois très fort, les mauvais j'ai du mal à espérer. C'est une espérance aussi fragile que les petites flammes des bougies que nous avons allumées à l'église pour l'enterrement de tante Anne, des petites flammes capables pourtant d'allumer un feu.

Voilà, je crois que ta tante n'est pas perdue. Mais, sans elle, c'est moi qui suis perdue, seule et très malheureuse. C'est pour cela que je pleure.

Quelques mois après la naissance d'un bébé, lorsqu'on recommence à travailler, lorsqu'on confie son enfant pour la première fois à quelqu'un d'autre, on est sûr qu'il sera bien et qu'on le retrouvera tout joyeux le soir, mais le déposer dans d'autres bras, s'en détacher fait venir des larmes. Mes larmes d'aujourd'hui ressemblent à ces larmes-là ; elles disent à la fois le chagrin de la séparation et la confiance.

Sais-tu que Jésus lui-même a pleuré à la mort de son ami Lazare ? C'est très étonnant. En arrivant dans la famille du mort, il a commencé par affirmer : « Lazare va se relever de la mort, il va ressusciter… Je suis la vie, celui qui se fie à moi, même s'il meurt, vivra ! » Jésus ne pouvait pas montrer plus clairement son espérance ! Pourtant, après avoir prononcé ces paroles, la mort dans l'âme, Jésus a pleuré. On ne peut pas retenir les larmes. On ne peut pas retenir la vie.

XXI

Où est Papy, au cimetière ou au ciel ?

L'espérance de la résurrection

Petits cimetières blottis à l'ombre d'une église, carrés de tombes repoussés le long des routes aux sorties des agglomérations, grandes nécropoles parisiennes qui se visitent comme des musées, tombes isolées, cimetières marins avec vue sur l'immensité, ou nouveaux quartiers des cimetières de banlieues, jouxtés par le crématorium. Ils sont tous fleuris, en novembre, et grouillants de vivants. Pourquoi ? Pourquoi rend-on visite aux morts ?

Les chrétiens proclament : « J'attends la résurrection des morts et la vie du monde à venir », « Je crois à la résurrection de la chair. » N'est-il pas paradoxal qu'ils aillent sur les tombeaux retrouver leurs morts ? Et comment comprendre alors ces inscriptions souvent gravées sur leurs pierres tombales : « Le Seigneur l'a accueillie dans sa maison » ?

Impossible d'enfermer les enfants dans un tombeau de silence

Qu'on ait 80, 50, 20 ou 5 ans, on sait bien que tout ce qui vit meurt et qu'inéluctablement on mourra. Les adultes voudraient bien épargner les enfants, leur éviter de se poser des questions sur la mort. C'est compter sans les événements de la vie. Il n'y a pas que les hamsters et les chiens chéris qui meurent. Il y a des grands-pères et des grand-mères, des papas et des mamans, des jeunes et des enfants aussi. La mort a des noms communs : accident, maladie, guerre, attentat, suicide...

Pourquoi on meurt ? Comment on est quand on est mort ? Qu'est-ce qui se passe après la mort ? Où est Papy, au cimetière ou au ciel, avec Dieu ? Il nous faut bien entendre ces questions. Car, même si elle n'est pas vécue comme un drame, une mort ne laisse pas les enfants indifférents. Et un enfant qui nous interroge sur ce que devient son grand-père mort interroge aussi sur son propre devenir.

Quelles que soient les questions, parfois difficiles à supporter, la curiosité n'est pas malsaine. Comme est pour nous insupportable le bruit d'un couvercle de cercueil qu'on ferme sur un être aimé, il est insoutenable, pour un enfant, le poids de la terre sur un visage qui l'a embrassé, elle est intolérable l'idée que se décompose un corps qui l'a serré dans ses bras.

Confrontés à la mort, ignorants de ce qui se passe au-delà, les enfants, tout comme nous, imaginent. Images fascinantes d'un paradis où tout le monde se retrouve dans le bonheur le plus parfait. Images terrifiantes de fantômes sortant des tombeaux et venant errer dans le monde des vivants. Images incohérentes de séparation entre une part du mort qui s'envolerait vers le ciel et une autre part qui resterait comme une enveloppe vide.

S'il est difficile de brider l'imagination des enfants, on peut ne pas les y abandonner. Les visites au cimetière, surtout au temps de la Toussaint, lorsque les tombes sont couvertes de fleurs et les allées bruissantes de voix, sont une bonne occasion d'en parler.

Tous ces tombeaux fermés prouvent que les êtres humains n'abandonnent pas leurs morts comme le font les bêtes, signe qu'ils espèrent que la communication n'est pas coupée entre vivants et morts.

Mais, en même temps, les tombes dessinent entre notre monde de vivants et le monde des morts une frontière palpable, une séparation en pierre. Du coup, contrairement à ce qu'on pense parfois, les cimetières sont des lieux rassurants pour les enfants.

Avec nos fleurs à la main devant ces tombeaux pleins, comment allons-nous dire l'espérance qu'a fait naître, il y a près de deux mille ans, un tombeau vide ? Comment, à partir de leur question : « Où est Papy, sous la terre ou au ciel ? », allons-nous répondre à la question principale : qu'est-ce que c'est, ressusciter ?

L'être humain, un vivant qui enterre les morts et espère

Si l'on manque de place pour de nouveaux cimetières, les plus anciens sont devenus des trésors pour l'humanité, car nous connaissons nos ancêtres pour une large part grâce aux tombeaux et aux objets qui y furent accumulés. Les plus anciennes sépultures découvertes remontent à plus de soixante-dix mille ans et le cimetière des Eyzies, en Dordogne, prouve que l'homme de Néanderthal, qui enterrait ses proches en position de fœtus avec de la nourriture, avait au cœur une espérance semblable à la nôtre.

Cette quête d'une vie perpétuée s'est exprimée tout au long de l'histoire dans les sagesses et les religions. Qu'est-elle devenue dans l'histoire d'Israël, du Christ et des chrétiens ?

La foi en la résurrection des morts n'est affirmée clairement par des juifs que vers 200 ans avant J.-C. Mais, depuis toujours, pour Israël, Dieu est le Dieu vivant. Dieu est du côté de la vie. Dieu fait alliance avec le peuple d'Israël. Être allié avec Dieu, c'est vivre. Et vivre, c'est avoir une descendance et un pays. Israël a longtemps vu la victoire sur la mort dans cette survie du peuple à travers une postérité.

Mais, en 587, les juifs de Jérusalem sont exilés à Babylone. Prisonniers de leurs vainqueurs qui adoraient le dieu Mardouk, n'ayant plus ni terre, ni temple, ni roi, les exilés voient dans ce malheur la mort de leur peuple. Alors, Ézéchiel, un prophète, annonce le retour du peuple d'Israël sur sa terre comme une résurrection : « Ainsi parle le Seigneur Dieu : je vous ferai remonter de vos tombeaux, ô mon peuple, je vous ramènerai sur le sol d'Israël. »

Ainsi, les premières allusions à une résurrection concernent le peuple dans son ensemble que Dieu, fidèle, ne peut pas abandonner.

Un autre drame va modifier cette façon de penser. Entre 167 et 164 av. J.-C., Antiochus Épiphane, roi de Syrie, tente de supprimer la religion juive. Des juifs meurent en martyrs pour leur foi. L'auteur du Deuxième Livre des Maccabées, racontant l'histoire de sept frères massacrés devant leur mère, fait dire à l'un deux : « Tu nous exclus de la vie présente mais le roi du monde (Dieu), parce que nous serons morts pour ses lois, nous ressuscitera. » Cette fois, c'est de la résurrection individuelle des martyrs qu'il s'agit.

Jésus Christ, puis les chrétiens, sont les héritiers de cette histoire. Au Ier siècle, un débat opposait ceux qui croyaient à la résurrection : les pharisiens, et ceux qui n'y croyaient pas : les sadducéens.

Dans l'épisode célèbre de « la résurrection de Lazare » (Évangile selon Jean, chapitre 11), Marthe, la sœur du mort, exprime la foi des pharisiens. Elle est sûre que Dieu ressuscitera au dernier jour, à la fin des temps, ceux qui ont vécu, comme son frère, fidèles à son alliance. Mais Jésus ajoute : « Je suis la résurrection. Je suis la vie. Celui qui se fie à moi, même s'il meurt, vivra. » Cette parole doit-elle se réaliser pour tous à la façon dont elle se réalise pour Lazare qui sort bien du tombeau mais devra mourir un jour, ou devons-nous l'entendre autrement ?

« Pourquoi cherchez-vous le Vivant parmi les morts ? »

Ce qui est radicalement nouveau se passe à l'aube d'un premier jour de la semaine, vers les années 30 : une femme va se recueillir sur la tombe d'un homme qui a bouleversé sa vie avant de mourir crucifié. Elle apporte des fleurs peut-être et des aromates pour garder son corps. Et le tombeau est grand ouvert, béant et vide. Marie-Madeleine cherchait un corps mort. Elle reconnaît un vivant (cf. Évangile selon Jean).

Et Jésus ressuscité mange, parle, va et vient. S'il n'est pas immédiatement identifiable, on le reconnaît pourtant à sa voix, à ses gestes ; son corps garde aux mains, au côté, les cicatrices de sa Passion.

De cet événement, le christianisme tire deux affirmations :

• Jésus est le premier-né des morts. La résurrection de Jésus est aussi pour nous. Ce que Dieu a fait pour Jésus, il le fera aussi pour nous. Voilà pourquoi l'apôtre Paul affirme aux habitants de Corinthe : *« Si l'on proclame que Christ est ressuscité des morts, comment certains d'entre nous disent-ils qu'il n'y a pas de résurrection des morts ? S'il n'y a pas de résurrection des morts, Christ non plus n'est pas ressuscité ! »* (Première épître aux Corinthiens, chapitre 15, versets 12 et 13).

• La résurrection concerne la personne humaine telle qu'elle est. Nous ne sommes pas de purs esprits ! Nous n'existons pas sans corps. Notre corps, c'est notre être : fille ou garçon, regard que l'on pose, parole que l'on prononce, main que l'on serre, pensée que l'on exprime... C'est par le corps que nous vivons, c'est à cause de notre corps que nous mourrons. Alors, le corps est pour la résurrection et la résurrection est pour le corps. Si Dieu s'est fait homme, un homme de chair, c'est bien que tout en nous est important pour lui.

D'ailleurs, pour les gens de la Bible, la personne humaine est toute une. La langue hébraïque a deux mots pour en parler : *basar* qui évoque l'aspect fragile, limité, mortel de l'être humain, et *nephesh* qui désigne la force d'agir, la puissance de la vie. Et l'on emploie indifféremment l'un ou l'autre pour dire « homme ». Mais à cause de la philosophie grecque, on a traduit plutôt l'un par chair et l'autre par âme, insistant sur une vision dualiste de l'être humain composé d'un corps périssable et d'une âme immortelle que la mort vient séparer.

L'apôtre Paul, lui, parle de la transformation de l'être tout un : « *Nous serons transformés. Il faut en effet que cet être corruptible revête l'incorruptibilité et que cet être mortel revête l'immortalité* » (Première épître aux Corinthiens, chapitre 15, verset 53).

Alors, nos tombeaux sont-ils vides comme celui de Jésus et nos urnes inutiles ? Certes non ! Mais si nos tombeaux sont habités, la foi en la résurrection n'est-elle qu'une illusion ? Comment articuler la logique, telle que nos enfants nous la renvoient, et l'espérance ? Comment dire que l'invraisemblable est possible ?

Côté bon, côté mauvais

Il y a, dans l'Évangile, des bons et des mauvais et, dans les récits de jugements derniers, on a l'impression d'un grand tri : d'un côté ceux qui ont su se faire « prochains » des autres, les « ressuscitables » admissibles au paradis, de l'autre les égoïstes dont il n'y a rien à tirer, voués à l'enfer.

Ces deux groupes sont-ils réellement séparés ? Ne représenteraient-ils pas plutôt les deux faces de chacun de nous : notre côté amour, solidarité, paix et notre côté repliement sur soi, désir de tranquillité ; notre face bénie et bonne, ressuscitable et notre face maudite rejetable, irrécupérable ?

Dans l'humanité de Jésus, il n'y avait rien à rejeter. Dieu a pu l'introduire dès sa mort dans la plénitude de sa vie. Peut-être Dieu ressuscite-t-il en chacun après sa mort ce qui, dans sa vie, était apparenté à la manière d'être de Jésus, la part de sa vie, de son histoire qui a pris part à la vie et à l'histoire de Jésus.

Notre vie terrestre ressemble à une longue transformation de ce que nous sommes, comme un travail de naissance pour nous rendre de plus en plus humains. Devenir une personne ressuscitée, c'est peut-être mourir à tout ce qui n'est pas vraiment humain en nous. Ça commence dès maintenant, ça n'est pas fini à notre mort, quel que soit le moment auquel elle intervient.

Le père Varillon, un théologien contemporain, expliquait : « Nos tombeaux ne sont pas vides car, en nous, tout n'est pas vivant, tout n'est pas don de nous-mêmes. Il y a en nous, autre chose que de la vie. Il y a de la mort, la part de nous qui n'a pas été transformée en amour. Notre tombe est le signe, pour tous ceux qui viennent y déposer des fleurs, que nous sommes de pauvres pécheurs. »

Ainsi, notre tombe est signe que nous n'avons pas pu nous parfaire. Ce que nous avons rendu vivant l'est pour toujours, mais il reste du résidu que nous n'avons pas pu transformer. Notre résurrection, commencée dans notre vie, continue dès notre mort mais elle n'est pas totale, pas achevée.

Si Papy est au ciel, pourquoi va-t-on au cimetière ?

Quand quelqu'un est mort, son cœur ne bat plus, il ne respire plus, il ne pense plus, il ne bouge plus, il n'a pas mal, il ne ressent rien. On ne peut plus entendre sa voix. On ne peut plus échanger un regard avec lui. Chez nous, on a l'habitude de le coucher dans un coffre en bois qu'on appelle « cercueil » . Certains font brûler ce cercueil et recueillent les cendres dans une urne. La plupart déposent ce cercueil dans un trou creusé dans la terre, au cimetière, avec ceux des gens de la même famille qui sont déjà morts. Puis on couvre le trou d'une belle pierre. Là, lentement, un peu comme le corps s'est fait dans le ventre de notre mère, il se défait dans le profond de la terre.

Les morts sont confiés à notre mémoire. Une tombe, c'est de la mémoire qui se voit. Elle garde le souvenir des morts pour leurs petits-enfants, leurs arrière-petits-enfants et tous ceux qui ne les ont pas connus.

Quand quelqu'un meurt, l'amour qu'on a pour lui ne meurt pas en même temps, même si on sait qu'on ne pourra plus l'aimer de la même façon. C'est ce qui fait si mal. Ceux qui l'aimaient ont envie de se retrouver tout près de lui. Ils vont sur sa tombe. Peut-être apaisent-ils ainsi très lentement le chagrin de la séparation. Une tombe est un signe de tristesse et d'espérance, l'espérance qu'on sera à nouveau réunis pour la vie.

Mais si tu me demandes pourquoi on va au cimetière, c'est aussi parce que tu voudrais bien savoir ce qu'il y a après la mort et comment c'est. Je peux te confier des petites choses que je crois :

• Nous sommes bien vivants, toi et moi. Pourtant, il y a de la mort en nous : tout ce qui n'a envie de rien, tout ce qui nous rend tout pliés sur nous-mêmes, nous fait détester ou mépriser les autres.
Nous sommes bien vivants. Et pourtant, il y a des jours où déjà nous ressuscitons. Par exemple, quand quelqu'un nous pardonne le mal qu'on lui a fait, c'est comme si, après avoir été bloqué, on pouvait repartir, inventer une nouvelle façon d'être avec lui. On en est tout joyeux. On dit même parfois : « Je suis au septième ciel ! » Ça se voit sur notre visage. Il est bien le même mais transformé, transfiguré. C'est une sorte de résurrection.

• Quand nous mourrons, comme ton Papy, je ne sais pas comment ça se passera entre Dieu et nous. Mais, avant ta naissance, il a fallu neuf mois pour que tu te formes progressivement et puisses venir au jour. Dans le ventre de la maman, se sont formés des yeux alors qu'ils n'avaient rien à voir, des poumons alors qu'ils n'avaient pas d'air à respirer, des pieds alors que tu ne pouvais ni te tenir debout ni marcher. C'est étonnant ! Le tout-petit, encore dans le ventre de sa mère, ne sait pas ce que sera sa vie après sa naissance. Pourtant, il se construit pour cette vie-là et son corps annonce ce qu'il sera.

174

Peut-être notre vie annonce-t-elle de la même façon ce que nous serons après notre mort, dans une autre forme d'existence. Peut-être des choses se construisent-elles en nous sans que nous sachions les reconnaître, sans que nous soupçonnions leur rôle. Peut-être Dieu nous prépare-t-il pour notre avenir sans que nous comprenions ce qui se passe. Le tout-petit, dans le ventre de sa maman, ne peut pas se représenter sa vie après sa naissance. Nous ne pouvons pas nous représenter notre vie de ressuscités.

• Dieu n'a pas abandonné Jésus à la mort. Beaucoup de gens, après sa mort, l'ont reconnu vivant. Je crois qu'il ne peut pas nous abandonner nous non plus car il est fidèle.

Dieu est vivant mais pas comme nous. Il a une autre façon d'être vivant. C'est pour cela que je ne sais pas comment est la vie de Jésus ressuscité, maintenant. Si Jésus a eu une vie comme nous, je crois qu'il nous invite à avoir une vie comme lui, même si on ne peut pas l'imaginer.

Tu crains que je te raconte des histoires ? Des histoires pour te consoler de la mort de ceux que tu aimes, pour te faire croire que tu ne mourras jamais... Parfois, je le crains aussi. Pourtant, il y a une chose sûre : quand quelqu'un dit : « Je t'aime », il te rend bien vivant. Je crois en un Dieu qui nous dit : « Je t'aime. »

Et même quand j'ai des doutes, j'entends une petite voix au fond de moi qui murmure sans vouloir se taire : et si le cadeau de Dieu était encore infiniment plus beau que ce que j'ose espérer ?

175

XXII

Pourquoi faut-il aimer tout le monde ?

Comment obéir au « commandement de l'amour »

Magali déteste Jean qui a été méchant avec sa petite sœur. David déteste Pauline : il voulait être son ami et elle ne fait même pas attention à lui. Agnès déteste son petit frère Cédric qui prend sa place sur les genoux de son papa. Julie s'est disputée avec la maîtresse. Julie voudrait qu'elle soit morte, mais Julie se déteste elle-même d'imaginer une chose aussi méchante...

On voudrait identifier enfance et tendresse. Mais les enfants, très tôt, sont capables de détester et ils peuvent aussi susciter la haine. On voudrait qu'il n'y ait que l'amour mais, dans une cour de récréation, même à la maternelle, on se bagarre avec violence et c'est dur de faire la paix.

À cause des dernières paroles de Jésus avant son arrestation, les chrétiens ont toujours pensé que le plus important était d'aimer et que seul l'amour qu'ils montrent les rend crédibles : « *Si vous m'aimez, vous vous appliquerez à observer mes commandements... Ce que je vous commande, c'est de vous aimer les uns les autres... Père, que tous soient un comme toi tu es en moi et que je suis en toi, afin que le monde croie que tu m'as envoyé et que tu les as aimés comme je t'ai aimé* » (Évangile selon saint Jean).

Mais on ne peut pas aimer tout le monde et Jésus doit bien le savoir puisqu'il ajoute : « Vous avez appris qu'il a été dit : tu aimeras ton prochain, moi je vous dis : aimez vos ennemis. »

Si je suis méchant, tu ne m'aimeras plus ?

Aimez-moi, aimez-moi encore et encore ! C'est la demande de chaque enfant. C'est le premier besoin ; sans amour, la vie devient désastre. Et c'est parce qu'il est d'abord aimé qu'un enfant va pouvoir aimer à son tour. Si, pour nous les adultes, on vit ensemble parce qu'on s'aime, pour un enfant, on s'aime parce qu'on vit ensemble. Mais qu'est-ce vraiment aimer pour un enfant ?

Celui qui s'est fait gronder a peur qu'on ne l'aime plus. Celui dont les parents ont cessé de s'aimer, découvrant que l'amour a une fin, craint que leur amour pour lui cesse aussi. Les discours sur l'amour, quand ils s'adressent aux enfants, deviennent vite moralisateurs. On fait équivaloir aimer et être gentil, aimer et rendre service. Ce n'est pas totalement faux, c'est insuffisant. Pourquoi ces gestes méchants et violents ? Pourquoi ces paroles dures dans leurs bouches ? Quand un enfant dit : « Je te déteste ! », c'est souvent parce qu'on a refusé de faire ses quatre volontés ou qu'on fait obstacle à son besoin immédiat. Mais, parfois aussi, si un enfant déteste une personne, c'est qu'elle a été vraiment méchante avec lui ou bien l'a humilié ou bien l'a mis en situation d'infériorité. Par exemple, après une dispute, il y a une façon de dire aux enfants : « Demande pardon ! » ou « On n'en parle plus ! », qui revient à les mépriser ou à leur demander de se renier eux-mêmes plutôt qu'à les engager dans une vraie réconciliation. Et il y a des gens qui répugnent ou qui révulsent à cause de leur odeur, de leur voix, des traits de leur visage ou d'un comportement. Un enfant ne peut donc pas grandir sans s'apercevoir qu'il ne peut pas éprouver de la sympathie pour tout le monde, être bien avec tous ceux qu'il rencontre. Et puis certains caractères ont plus de difficultés que d'autres à s'insérer dans un groupe, à se faire des copains ou à supporter des événements. On ne peut pas exiger d'eux des attitudes d'ouverture aux autres ou des gestes de tendresse qui sont tout à fait naturels à d'autres enfants. À ceux là, sous prétexte qu'ils ont un « caractère facile », qu'ils ne se fâchent pas, on ne peut pas laisser croire qu'ils aiment tout le monde.

Aimer n'est donc pas si simple. Pas de vie sans dispute. Lorsque des copains soudain s'énervent et se tapent dessus, lorsque deux enfants jaloux ne se supportent plus, que la colère monte, que l'envie de faire du mal envahit leur cœur comme une bête tapie qui se réveille, nous les parents avons peur de les laisser extérioriser leur haine. Nous avons peur de leur violence. Or, si les enfants ne peuvent extérioriser cette haine qui est en eux, ils la retournent contre eux et risquent de se détruire.

Alors comment naviguer entre les écueils ? Comment faire comprendre aux petits que, si nous détestons la haine, nous les aimons, même haineux ? Comment leur dire qu'en chacun le détestable et l'aimable se mêlent ? Ne nous aiment-ils pas, nous, leurs parents, quand bien même ils voudraient « changer de maman » ?

L'histoire des chrétiens, une histoire sainte ?

N'aie aucune pensée de haine contre ton frère mais n'hésite pas à réprimander ton compatriote pour ne pas te charger d'un péché à son égard, ne te venge pas et ne sois pas rancunier à l'égard des fils de ton peuple, c'est ainsi que tu aimeras ton prochain comme toi-même (Livre du Lévitique, chapitre 19, versets 17 et 18).

Le commandement de l'amour était inscrit dans la loi juive, et Jésus, en bon juif, s'appliquait à le vivre. Lorsqu'un scribe, un jour, lui demanda quel était, pour lui, le premier de tous les commandements, Jésus répondit : « *Le premier c'est : "Écoute, Israël, le Seigneur notre Dieu est l'unique Seigneur. Tu aimeras le Seigneur ton Dieu de tout ton cœur, de toute ton âme, de toute ta pensée et de toute ta force." Voici le deuxième : "Tu aimeras ton prochain comme toi-même." Il n'y a pas d'autre commandement plus grand que ceux là* » (Évangile selon Marc, chapitre 12, versets 28 à 31).

Et lorsque, avant de quitter ses apôtres, Jésus leur laissa comme le « testament » de toute sa vie, il leur dit : « Aimez-vous les uns les autres, comme je vous ai aimés. »

Les chrétiens ont bien compris que cette parole ne s'appliquait pas seulement aux douze et qu'il s'agissait d'apprendre à aimer à la manière de Jésus, à la manière de Dieu. Mais c'est bien difficile, en voici quelques exemples :

• Ier siècle. À Antioche, les chrétiens sont divisés : il y a des anciens juifs convertis et des anciens païens convertis. Les chrétiens d'origine juive conservent les règles alimentaires du judaïsme. Ils refusent donc de prendre leurs repas avec les anciens païens et aussi de célébrer ensemble le repas de la messe.

• IVe siècle. Le christianisme devient religion d'état. Les chrétiens se croient permis des actes de violence contre les païens et les juifs. De persécutés, ils deviennent persécuteurs.

• IIe au Ve siècle. Le message chrétien se heurte à des philosophies qui, à l'intérieur même de l'Église, donnent naissance à des groupes rivaux. Les conflits se généralisent. Les évêques s'opposent. En 366, à Antioche, la succession de l'évêque provoque des affrontements qui font 137 morts.
En 431, l'évêque Cyrille d'Alexandrie et l'évêque Nestorius de Constantinople s'opposent sur la « nature » de Jésus à la fois homme et Dieu. Un concile est convoqué à Éphèse. Cyrille s'y rend avec cinquante évêques de son parti, ouvre le concile, fait voter la dépo-

sition de Nestorius comme « nouveau Judas » puis repart... avant même que Nestorius ne soit arrivé !

• Moyen Âge. La société, fondée sur le christianisme, est menacée par les « ennemis de la foi » aussi bien à l'extérieur : les musulmans, qu'à l'intérieur : les « hérétiques ». La chrétienté va tenter d'imposer l'Évangile par la force ; elle s'arme, c'est la Croisade ; elle organise une justice répressive, c'est l'Inquisition. Ce tribunal d'exception, né vers 1220 et confié essentiellement aux dominicains, torture et brûle vifs ceux qui n'acceptent pas l'enseignement de l'Église.

• XVIᵉ siècle. La chrétienté éclate en Églises multiples ; les chrétiens qui ont rallié la Réforme, appelés alors « huguenots » et aujourd'hui « protestants », subissent une répression de plus en plus dure. Ils s'organisent pour défendre leur liberté. Le massacre de Wassy, en 1562, marque le début des « guerres de religion » qui durent 36 ans, jusqu'à l'édit de Nantes signé par Henri IV. L'épisode le plus sanglant a lieu la nuit de la Saint-Barthélemy, le 24 août 1572 : Catherine de Médicis fait massacrer les huguenots de Paris. Les massacres s'étendent et les victimes se comptent par dizaines de milliers.

Ainsi, l'histoire de l'Église n'a pas toujours été une histoire d'amour. Pourtant, malgré ces infidélités et en même temps qu'elles, le peuple chrétien a toujours été « travaillé » par le commandement d'aimer dans l'Esprit de Jésus, l'Esprit de sainteté. Cette histoire sanglante est aussi une histoire sainte. Le témoignage de pauvreté de François d'Assise ou l'action charitable de Vincent de Paul ont pris racine et ont produit du fruit dans cette même Église. Et ce qui est vrai pour le passé et l'ensemble des chrétiens l'est aussi pour chacun de nous.

« Aime ton prochain comme toi-même » : l'amour sur commandement

Un bras qui se glisse autour de notre cou, des doigts qui se croisent sur nos doigts, une main qui caresse, un regard qui câline… Quand on aime une personne qui nous montre aussi de l'amour, ça fait chaud dans le cœur, ça fait doux dans le corps. Nous en sommes tout retournés, immense douceur, connivence faite à la fois de proximité et de retenue, la tendresse d'un autre fait déborder celle qui était cachée en nous.

On voudrait que le temps qu'on passe à dire : « Je t'aime » soit le seul qui compte. On voudrait se laisser bercer par les vagues de plaisir, trouver le bonheur dans une communication parfaite. On est enchanté. On est prêt à croire qu'on peut vraiment vivre d'amour… Et puis le désir spontané s'atténue. L'émerveillement de la rencontre fait place à une découverte progressive parfois plus difficile. Le sentiment doit s'affermir. L'amour se fait plus rude, parfois fragile, se craquelle ou sombre dans l'indifférence. On peut se lasser de ceux qu'on aime. Ils ne sont pas parfaits, on en est déçu. Et l'image qu'ils nous renvoient de nous-mêmes n'est pas celle que l'on voudrait. Les beaux discours sur la tendresse et les grands sermons sur l'amour risquent bien d'enfermer dans une impasse.

L'amour est bien un sentiment, une attirance que deux personnes éprouvent l'une envers l'autre : « Je l'aime parce que c'est lui, parce que c'est elle. » Le christianisme ne nie pas ce sentiment et souligne même que Jésus l'éprouve avec ses amis Marthe, Marie et Lazare. À la mort de celui-ci, les juifs venus pour consoler ses sœurs, voyant Jésus pleurer, remarquent : « Voyez comme il l'aimait ! » (Évangile selon Jean, chapitre 11, verset 36). Lorsqu'une femme verse sur ses pieds un parfum précieux et les embrasse, les autres la trouvent folle. Jésus aime sa façon d'aimer à la folie. Jésus éprouvait probablement une amitié tendre pour son disciple Jean que l'Évangile surnomme « le disciple qu'il aimait ».

Pourtant : « Aime ton prochain », « aimez-vous » sont des commandements, des appels, comme s'il fallait aimer « sur commande ». Il s'agit d'une question de volonté. Aimer, c'est vouloir aimer, vouloir construire l'amour, vouloir montrer que l'amour construit la vie. Aimer ne signifie pas être heureux d'être aimé et rendre la pareille mais vouloir le bien de l'autre. L'amour est un projet, une affaire de confiance.

Aimer son prochain, c'est tout faire pour rapprocher les gens, les rendre proches les uns des autres, chercher à abattre les murs qui séparent, lever les herses qui ferment les accès, baisser les ponts qui relient et inventer des façons d'être ensemble.

Un jour, un légiste, un théologien chargé d'interpréter la loi juive, demanda à Jésus : « La loi dit : Tu aimeras ton prochain comme toi-même. Qui est mon prochain ? » Jésus raconta cette parabole :

Un voyageur descend la route de Jérusalem à Jéricho. Des bandits l'attaquent. Ils le dévalisent et l'abandon-

nent à moitié mort. Un prêtre passe sans s'arrêter.
Vient un serviteur du Temple de Dieu. Il évite aussi le
blessé. Arrive alors un Samaritain, un mauvais prati-
quant de la religion. Voyant le blessé, il est ému. Il
s'approche, désinfecte ses plaies et le panse. Puis il le
hisse sur son âne, le conduit jusqu'à un hôtel et paie
l'hôtelier pour qu'il prenne soin du blessé.
Alors, Jésus demanda à son questionneur : « A ton
avis, lequel des trois passants s'est fait le prochain du
blessé ? » Le légiste répond : « Celui qui a été bon
avec lui » et Jésus lui dit : « Va, et fais de même »
(Évangile selon Luc, chapitre 10, versets 25 à 37).

Jésus a donc renversé la question. L'homme avait
demandé : « Qui est mon prochain ? » Jésus montre
qu'il s'agit de se demander : de qui suis-je le prochain ?
Il s'agit de s'approcher, à la manière du Samaritain qui
s'est approché d'un étranger blessé.

Être prochain, se faire le prochain, aimer son prochain,
c'est peut-être tout simplement être ému devant nos
semblables, compatir, éprouver de la passion pour
tout ce qui est humain, comme Dieu, le grand passion-
né des hommes. D'ailleurs, dans ce personnage de bon
Samaritain, on peut reconnaître Jésus lui-même qui
s'est fait le prochain de tout homme et d'abord des
blessés de la vie.

Voilà pourquoi l'amour fait mal. Il ne s'agit pas de
s'attacher à quelqu'un ou de s'attacher quelqu'un
(dans « attachement », il y a « attache »), l'amour peut
être aliénant. Un trop-plein d'amour peut détruire : des
parents envahissants ou surprotecteurs n'aident pas un
enfant à grandir. Il s'agit au contraire de se décentrer

de soi pour imaginer une façon de vivre qui fait que les autres sont bien et vont pouvoir naître à ce qu'ils sont vraiment sans honte et sans crainte.

Voilà pourquoi on n'a jamais fini d'apprendre à aimer.

Pourtant, comme si cela ne suffisait pas, Jésus en rajoute : « *Aimez vos ennemis. Faites du bien à ceux qui vous haïssent* », Dieu est-il fou ?

« *Vous avez appris qu'il a été dit : Tu aimeras ton prochain et tu haïras ton ennemi. Et moi, je vous dis : Aimez vos ennemis et priez pour ceux qui vous persé-cutent, afin d'être vraiment les fils de votre Père qui est aux cieux, car il fait lever son soleil sur les méchants et sur les bons, et tomber la pluie sur les justes et les injustes. Car si vous aimez ceux qui vous aiment, quelle récompense allez-vous en avoir ? Les collec-teurs d'impôts eux-mêmes n'en font-ils pas autant ? Et si vous saluez seulement vos frères, que faites-vous d'extraordinaire ? Les païens n'en font-ils pas autant ? Vous donc, vous serez parfaits comme votre Père céleste est parfait* » (Évangile selon Matthieu, chapitre 5, versets 43 à 48).

Aimer ses ennemis, c'est d'abord reconnaître qu'il y a des ennemis, refuser de camoufler la haine et ne pas s'en sentir coupable. Et Jésus, qui donne cet ordre, sait bien ce que sont des ennemis. Il a connu la hargne de certains pharisiens qu'il traite d'ailleurs de « sépulcres blanchis » et de « race de vipères », ce qui n'est pas particulièrement aimable. Il a connu la trahison de ses proches – Judas et Pierre –, le mépris des grands. Et ses ennemis sont assez violents et organisés pour que ça se termine par la crucifixion.

185

ennemis sont assez violents et organisés pour que ça se termine par la crucifixion.

Aimer ses ennemis c'est risquer des phrases et des gestes qui, sans résorber les conflits, ouvrent des issues. Personne n'est jamais enfermé dans un passé, fini. Une volonté de dénouer les conflits modifie chaque partenaire et construit un avenir possible. Croire qu'on peut changer c'est « aller en paix ». Sur la croix, subissant des douleurs insupportables, Jésus aurait dû laisser monter ressentiment et haine contre ses tortionnaires. Or, il se préoccupe de leur avenir avec Dieu : « Père, pardonne-leur ! » C'est fou ! Comme le dit saint Paul aux habitants de Corinthe : « Dieu n'a-t-il pas rendu folle la sagesse du monde ?... Ce qui est folie de Dieu est plus sage que les hommes. » Dieu est un fou d'amour.

Aimer ses ennemis, c'est se souvenir que chaque être humain est aimé de Dieu, que Dieu ne juge personne indigne de son amour. Si Dieu aime chacun, chacun est aimable, respectable. Impossible de considérer un ennemi comme nul et non avenu.

Aimer ses ennemis, c'est donc changer son regard, les regarder à deux fois (ce qui est le sens originel de « respecter »). Aimer ses ennemis, c'est reconnaître que chacun est respectable et qu'un mal-vu mérite un autre regard.

Nous sommes tous embarqués dans des rapports d'amour et de haine. Aucun coup de « croix-baguette magique », aucune gorgée de « philtre d'amour-eucharistie » n'y pourront rien changer sans la volonté de construire l'amour et de détruire la haine.

A chacun de s'aimer, de prendre assez soin de lui, de se conserver en état de s'approcher des autres pour les aimer comme soi-même et réaliser ce qu'on ose à peine espérer possible : il est mon ennemi et, pourtant, je le reconnais digne d'amour.

C'est difficile d'aimer

– Dis-moi, pourquoi il faut aimer tout le monde ?
– Aimer, ça t'arrive tous les jours. Ça a l'air tout simple : tu m'embrasses et je te fais un câlin. Tu te serres contre ton grand-père qui est tout content de te raconter une histoire. Tu regardes tendrement un bébé comme si tes yeux le caressaient. La dame de service, à l'école, soigne ton genou comme si elle étalait de la douceur sur ton bobo. Tu envoies un beau dessin à ton parrain, comme des baisers tout en couleurs...

Mais tu sais bien que ce n'est pas toujours aussi joyeux. Tu trouvais Laure jolie, tu disais qu'elle sentait bon et puis, comme elle joue avec Marc, tu deviens jaloux et tu lui en veux. Tu aimes bien ton copain Nicolas, tu voudrais être toujours avec lui et voilà qu'il déménage loin. En famille, tu as parfois l'impression qu'on ne t'aime pas autant que ton petit frère et ça te fait mal. Quand je te gronde, tu me détestes et tu veux changer de maman. Tu m'as déjà vue me disputer avec ton papa, on se criait des mots méchants. A la récré, tu te bagarres et parfois tu n'arrives plus à te remettre d'accord avec ton adversaire ; vous devenez ennemis.

L'amour, c'est facile d'en parler mais c'est difficile à vivre. Jésus le sait bien quand il nous commande :

« Aimez-vous les uns les autres », et même : « Aimez vos ennemis. » Il sait bien qu'on a des ennemis. D'ailleurs, il en a eu lui-même. Ils ont même fini par le faire mourir.

Mais aimer, pour Jésus, ce n'est pas croire que tout le monde doit être aimable et gentil avec tout le monde.

Aimer, pour Jésus, c'est prendre sa place dans un travail. Jésus était charpentier dans son village. Il a dû fabriquer des meubles pour les maisons, des outils pour les champs. Jésus a travaillé pour les autres. C'est une façon d'aimer.

Aimer, pour Jésus, c'est faire attention aux gens, comprendre leurs besoins et faire ce qu'il faut pour qu'ils soient bien. Des gens empêchaient les enfants d'approcher Jésus, persuadés qu'il n'avait pas de temps à perdre avec les petits. Jésus dit : « Laissez-les venir auprès de moi. » Il s'intéresse à ceux qui sont écartés. C'est une façon d'aimer.

Aimer, pour Jésus, c'est oser affronter la peur et la haine pour défendre la justice et la paix de Dieu. Ses ennemis ont voulu le tuer. Jésus a peur. Mais même s'il risque de mourir, il décide de continuer à défendre Dieu et sa façon de vivre. C'est sa meilleure façon d'aimer.

Une fois, une grande foule l'avait suivi sur une montagne. Il a dit : « Si vous aimez ceux qui vous aiment, que faites-vous d'extraordinaire ? Tout le monde en fait autant ! Vous, aimez vos ennemis ! » Ça a l'air fou. Mais Dieu nous aime à la folie et Jésus voudrait qu'on lui ressemble. Il voudrait qu'on se souvienne toujours et partout que nous sommes tous des personnes intéressantes.

A toi d'inventer tes façons d'aimer. Le problème n'est pas d'avoir des amis mais d'imaginer comment être ami, comment faire l'amitié. Peut-être en faisant une partie du grand dessin collectif qui décorera le mur de l'école ; peut-être en évitant de jeter des papiers par terre dans la rue afin qu'elle reste accueillante ; peut-être en arrêtant de bouder et en recommençant à jouer avec le copain contre lequel tu étais fâché ; peut-être en tenant une promesse pour ne pas décevoir celui qui attend ; peut-être en prêtant une balle à celui qui n'en a pas afin qu'il puisse jouer ; peut-être en téléphonant à Mamy ou en regardant à la télé comment se passe l'école pour des enfants du bout du monde et en ne te désintéressant pas de ceux qui habitent loin.

Il y a sûrement des tas d'autres façons. Tu les trouveras. Aimer, finalement, c'est se faire du souci pour les autres, même ceux qu'on ne trouve pas vraiment sympathiques.

Jésus a prié Dieu en disant : « *Père, je voudrais que les gens s'aiment comme nous nous aimons. Je voudrais que tout le monde croie qu'on peut vraiment vivre en s'aimant ; que tout le monde croie que tu es amour.* » À nous d'imaginer tous les moyens pour que la prière de Jésus soit exaucée. A notre tour aussi de prier Dieu de nous donner la force d'aimer.

XXIII

À quoi ça sert de baptiser notre bébé ?

Un sacrement cadeau et promesse

La date est fixée depuis longtemps, la famille prévenue, les amis retenus. La longue robe blanche toute en dentelle faite à la main par la grand-mère de la grand-mère, fraîche repassée, paraît presque neuve malgré les quatre générations qui l'ont portée. La table est décorée. Les dragées prêtes à être croquées. La marraine vient d'arriver avec une jolie médaille pour le bébé. Le parrain a apporté un livre blanc dans lequel chacun écrira quelque chose, un livre souvenir à regarder et à garder. Paule, la « grande sœur », a enfilé sa salopette neuve et son gilet à fleurs. La fête peut commencer, les cloches carillonnent.

Mais, sur le chemin de l'église, Paule a soudain envie de mieux comprendre. Pourquoi tout ce remue-ménage ? On l'a déjà fêté, ce bébé, quand il est né ! À quoi ça sert de le baptiser ? Paule veut savoir ce qui va arriver à son bébé, ce que ce baptême va changer. Et d'ailleurs, Paule ne fait qu'anticiper la question que posera le prêtre à ses parents, quand ils entreront dans l'église avec leur bébé : « Que demandez-vous pour votre enfant à l'Église ? Pourquoi voulez-vous qu'il soit baptisé ? »

Place aux enfants !

La pratique du baptême des bébés a beaucoup évolué depuis quelques dizaines d'années. Nombreux sont les parents chrétiens qui n'hésitent pas à demander ce sacrement pour leur enfant dès ses premiers mois pour toutes sortes de raisons : perpétuation d'une tradition familiale, ferme volonté de faire de leur enfant un disciple de Jésus Christ, désir de l'intégrer dans un groupe reconnu, peur de laisser mourir « sans rien » un bébé qu'on sait en danger… Pour beaucoup d'autres chrétiens, baptiser un bébé ne va pas de soi. Ceux-là pensent mieux respecter sa liberté en ne prenant pas un engagement à la place de leur enfant. Ces demandes très diverses, et qui paraissent opposées, cachent souvent un véritable désir que les enfants soient reconnus comme des personnes à part entière.

Dans la famille de Paule, on a opté pour un baptême précoce. Paule est sans doute inquiète. Peut-être se demande-t-elle si « son bébé » est bien comme tous les autres bébés, puisque tous ne sont pas baptisés. Ou, inversement, Paule s'interroge sur ces autres bébés non baptisés : ne leur manque-t-il rien ?

Si le baptême a été obligatoire (au XVIe siècle, en France, il n'existait pas d'autre état civil que les registres de baptême tenus par chaque paroisse), il ne l'est plus. C'est du choisi, du gratuit. Un baptême montre concrètement que, d'une façon ou d'une autre, on croit qu'il y a une différence entre la vie avec Dieu et la vie sans Dieu. Un baptême, c'est une fête. La joie de la famille, le bonheur qu'ont des adultes à vivre un baptême parlent aussi à un jeune enfant : il y découvre de façon tangible la foi de son entourage et son appartenance au groupe des chrétiens qui se réunit pour accueillir un petit bébé de rien du tout. C'est un apprentissage de ce qu'est la communauté Église. C'est aussi un étonnement : un bébé est quelqu'un d'important, non seulement pour ses proches mais aussi pour la grande famille des chrétiens. Un bébé a sa place dans l'Église.

Un bébé peut être un signe de Dieu, une trace vivante de Dieu : par sa vie, il dévoile la présence de Dieu. Un signe vivant, c'est ce qu'on appelle un « sacrement ».

Un jeune enfant qui découvre cela découvre du même coup sa propre place. Lui aussi est « sacrement » de Dieu.

Le baptême a une préhistoire

Le baptême chrétien n'est pas tombé du ciel, il a poussé sur des racines juives. La preuve ? Le baptême de Jésus (Évangiles selon Matthieu, chapitre 3 ; selon Marc, chapitre 1, versets 10 à 13 ; selon Luc, chapitre 3, versets 7 à 22 ; selon Jean, chapitre 1, versets 19 à 34).

Le baptême donné par Jean Baptiste à Jésus comme à beaucoup d'autres juifs du Ier siècle et le baptême chrétien sont différents. Mais, pour bien comprendre le baptême chrétien, il est nécessaire de le situer dans son contexte d'origine : le monde juif du Ier siècle.

Le mot « baptême » vient du verbe grec « *baptizein* » qui signifie « plonger », « immerger ». Au Ier siècle, la religion juive proposait différentes sortes d'immersions rituelles : depuis très longtemps, la loi prévoyait qu'un certain nombre de cas d'impuretés graves devaient être purifiés par une immersion totale du corps : la lèpre, le fait d'avoir touché un cadavre... Au Ier siècle, les rabbins pharisiens ont multiplié ces cas d'impureté et les bains rituels ont donc été multipliés.

Les esséniens, une secte juive marginale installée sur les bords de la mer Morte, avaient donné une telle importance à ces bains de purification que toute l'architecture de leur ville était organisée autour de canaux alimentant de nombreuses piscines. Par ailleurs, les païens qui se convertissaient au judaïsme devaient systématiquement être plongés dans un bain purificateur.

Les rites baptismaux ont donc pris une grande importance au Ier siècle et les mouvements baptistes, comme celui de Jean – surnommé le Baptiste – se sont beaucoup développés. Les Évangiles et le livre des Actes des Apôtres en parlent et dans l'Évangile selon Jean, il est même dit que Jésus baptisait (chapitre 3, verset 22) ou plus exactement (chapitre 4, verset 2) : « A vrai dire Jésus lui-même ne baptisait pas, mais ses disciples. » Ce qui laisse supposer à des biblistes que Jésus aurait commencé par être un disciple de Jean Baptiste et un baptiste lui-même.

Quoi qu'il en soit, le rite juif du baptême est lié à la purification, au repentir, au pardon des péchés. Le baptême est signe d'une conversion du cœur.

Le baptême chrétien est très différent. Les textes chrétiens les plus anciens, ceux de Paul, mettent le baptême en rapport avec la mort et la résurrection de Jésus Christ. « *Nous tous, baptisés en Jésus Christ, c'est dans la mort que nous avons été baptisés. Par le baptême, nous avons été ensevelis avec lui afin que, comme Christ est ressuscité des morts, nous menions nous aussi une vie nouvelle* » (Épître de Paul aux Romains, chapitre 6, versets 3 et 4).

D'ailleurs, lorsque Jésus parle de son baptême, il ne s'agit pas de sa plongée dans le Jourdain, mais bien de son passage par la mort. A ses apôtres Jacques et Jean, il dit : « *Pouvez-vous boire la coupe que je vais boire ou être baptisés du baptême dont je vais être baptisé ?* » (Évangile selon Marc, chapitre 10, verset 38).

Le baptême chrétien n'existe pas avant que le Christ soit mort et ressuscité (Jésus ne peut donc pas le recevoir au début de sa vie publique !). La plongée dans l'eau et la remontée à l'air libre expriment, pour les chrétiens, la plongée dans la mort et la remontée vers une vie nouvelle.

À cette signification fondamentale s'en est ajoutée très vite une autre : vers les années 50-55, dans une communauté chrétienne comme celle de Corinthe, le baptême était le rite d'intégration, d'entrée dans l'Église.

Au début, tous les chrétiens étaient juifs. Tous les chrétiens mâles étaient donc circoncis puisque la circoncision était le signe d'appartenance au peuple juif. Très vite, des non-juifs ont désiré devenir chrétiens. L'entrée dans l'Église de païens, comme le centurion Corneille (Actes des Apôtres, chapitre 10) ou l'Éthiopien (Actes des Apôtres, chapitre 8, versets 26 à 40) a probablement joué un rôle déterminant pour faire du baptême le rite d'intégration dans la communauté des disciples de Jésus Christ, lui donnant ainsi une fonction équivalant à ce qu'était la circoncision pour la communauté juive.

Si le baptême est riche de sens, c'est à cause de ces multiples courants qui lui ont donné naissance : geste de purification dû à son origine juive ; rite d'intégration à l'Église venant des circonstances historiques qui ont poussé les premiers chrétiens à trouver un autre geste d'appartenance que la circoncision ; signe de vie nouvelle lié à la mort et à la résurrection de Jésus Christ.

Quant au baptême des bébés, sa pratique a beaucoup varié au cours des siècles. Au Ier siècle, si c'était un chef de famille qui demandait le baptême, l'usage le plus courant était de baptiser toute sa maisonnée : épouse, enfants et serviteurs.
Un texte du IIIe siècle écrit par le prêtre Hippolyte décrit une célébration de baptême. Les enfants peuvent être baptisés à tous les âges en même temps que leurs parents ou lorsque les parents sont déjà chrétiens. Le vendredi soir qui précède le baptême, les futurs baptisés, les catéchumènes, jeûnent, sauf les enfants. Le

samedi, l'évêque impose les mains aux candidats et leur fait un signe de croix sur le front, les oreilles et les narines. Dans la nuit du samedi au dimanche, au moment où le coq chante, les candidats se déshabillent, sont plongés dans l'eau et baptisés en commençant par les enfants.

Ceux qui peuvent parler par eux-mêmes parlent ; pour ceux qui ne le peuvent pas, les parents parlent. En effet, les candidats sont plongés dans l'eau trois fois à chaque fois qu'ils répondent : « Je crois » aux trois questions du prêtre : « Crois-tu en Dieu le Père tout-puissant ? », « Crois-tu au Christ Jésus ? », « Crois-tu en l'Esprit Saint et en l'Église ? » Une fois remontés de la piscine, les baptisés reçoivent une onction d'huile, se rhabillent et entrent dans l'église où l'évêque leur donne un baiser en disant : « Le Seigneur soit avec toi. » Après le baptême, les nouveaux baptisés participent à l'eucharistie. Puis ils absorbent du lait et du miel car ils viennent d'entrer dans la « Terre Promise », la terre où coule le lait et le miel. L'usage de porter des vêtements blancs dans les jours qui suivent le baptême est fréquent.

Cependant, certains s'opposent au baptême des jeunes enfants, comme Tertullien, avocat à Carthage, car « on ne naît pas chrétien, on le devient ».

Après la « paix de l'Église », au IVe siècle, on retarde le baptême. Comme trop de gens se faisaient baptiser par opportunisme, l'Église place la barre très haute : le baptême est préparé par des étapes très longues. De plus, les baptisés qui commettent une faute grave sont soumis à une pénitence très sévère qui n'est accordée qu'une fois dans l'existence. On retarde donc le baptême jusqu'à la vieillesse pour ne pas gâcher ce « repêchage » puisque le baptême était alors vu essentiellement comme une purification des péchés. Seuls les enfants en danger de mort sont baptisés.

Mais au Ve siècle, la mortalité infantile étant très forte, les évêques se font à nouveau les champions du baptême des enfants. On les baptise systématiquement et c'est le baptême d'adultes qui devient exceptionnel.

Et ainsi, au cours des siècles, selon les lieux, l'« âge idéal du baptême » a beaucoup varié. Quoi qu'il en soit, depuis le Ier siècle, comme Paul aux habitants d'Éphèse, l'Église proclame : « Un seul Seigneur, une seule foi, un seul baptême », et tous les chrétiens se reconnaissent dans ce baptême. Que manifeste donc le baptême aujourd'hui ?

Mon enfant, mon frère

Ouvrons le livre des Actes des Apôtres. Avant de quitter ses apôtres, Jésus, au cours d'un repas, leur recommanda *« de ne pas quitter Jérusalem mais d'y attendre la promesse du Père, celle que vous avez entendue de ma bouche : Jean a bien donné le baptême d'eau mais vous, c'est dans l'Esprit Saint que vous serez baptisés d'ici quelques jours »* (chapitre 1, versets 4 et 5).

Le jour de la Pentecôte, le groupe est donc réuni à Jérusalem. « Tout à coup, un grand bruit éclata comme un violent coup de vent. Leur maison en fut toute remplie. Alors leur apparurent comme des langues de feu qui se posaient sur chacun d'eux. Ils furent tous remplis d'Esprit Saint et se mirent à parler d'autres langues comme l'Esprit leur donnait de s'exprimer. » Or, des Juifs venus de partout étaient à Jérusalem pour la fête célébrant l'Alliance de Dieu et de son peuple au Sinaï. Ils se rassemblèrent pour voir ce qui arrivait. Ils trouvèrent les apôtres de Jésus dehors parlant à qui voulait les entendre. C'étaient tous des Galiléens, or chacun les entendait dans sa propre langue avec ses propres mots, même les étrangers, qu'ils soient Grecs, Égyptiens, Romains, Arabes... Tout le monde était stupéfait. Les uns restaient sans voix, les autres étaient persuadés que les apôtres étaient ivres. Alors Pierre prit la parole pour donner la signification de tout ce qui venait de se passer : les derniers temps commencent ; en Jésus, Dieu est intervenu de manière décisive dans l'histoire : il a ressuscité Jésus ; sauvé par Dieu, Jésus est rempli de son Esprit et le fait passer en nous. Le cœur bouleversé par ces paroles, beaucoup de ceux qui ont écouté Pierre demandèrent que faire. Pierre leur répondit : « Convertissez-vous ; que chacun de vous reçoive le baptême au nom de Jésus Christ pour le pardon de ses péchés et vous recevrez le don du Saint-Esprit. Car c'est à vous qu'est destinée la promesse et à vos enfants... Ceux qui accueillirent la parole de Pierre reçurent le baptême et il y eut environ trois mille personnes ce jour-là qui se joignirent à eux » (chapitre 2, versets 1 à 41).

Dans l'Évangile selon Luc, la vie publique de Jésus commence par son baptême où l'Esprit de Dieu descend sur lui. Dans le deuxième tome des Écritures, selon Luc, la vie du peuple chrétien commence par le baptême des apôtres dans l'Esprit. Tous les éléments caractéristiques du baptême chrétien sont réunis :

• Le baptême est lié à la résurrection de Jésus. Pierre donne le sens de ce qui s'est passé et du coup le sens de cette plongée à laquelle il invite les gens qui l'écoutent. Plongés dans la mort de Jésus, submergés par sa mort, ils en émergent tout renouvelés, comme des nouveau-nés pour une vie nouvelle tout imprégnée de ce qu'est Jésus, baignée de l'Esprit de Jésus.

• Le baptême est le signe d'un désir personnel : les candidats au baptême ont écouté la parole de Pierre. Ils ont cru ce qu'il disait, « accueilli sa parole » et décidé de demander le baptême.

• Le baptême est le signe de l'agrégation au peuple des disciples de Jésus Christ, ceux à qui les habitants d'Antioche donneront le nom de « chrétiens », le peuple nouveau qui naît à la Pentecôte (comme le peuple juif est né le jour où il a reçu la Loi des Dix Commandements de l'Alliance avec Dieu au Sinaï, ce que célèbre la Pentecôte juive).

Baptiser un bébé, c'est donc le faire entrer dans ce peuple chrétien et montrer notre espérance en une vie qui ne cesse de l'emporter sur la mort.

Autrement dit, baptiser un enfant, c'est l'engager dans une aventure commencée bien avant lui, le croire capable de se battre contre tout ce qui fait mourir et pour que tous ses frères humains vivent debout. Le geste du baptême lui dit : ne fonde pas ta vie sur toi-même, Dieu t'adopte comme son enfant, reconnais-le comme père, vis comme un fils de Dieu, selon Jésus.

Mais reconnaître que Dieu est un père pour son enfant n'est pas si simple pour des parents ! Si la naissance d'un enfant crée une famille, le baptême la modifie radicalement. Des parents qui font baptiser leur enfant sont comme dépossédés : devant Dieu, notre enfant n'est plus notre enfant, il est notre frère car nous sommes enfants d'un même père. Le christianisme modifie les rapports humains, obligeant à passer d'un monde de domination naturel à un monde de fraternité. La vraie famille de Jésus, il l'a dit lui-même, ce ne sont pas sa mère, ses frères, mais ceux qui écoutent sa Parole. Faire baptiser son enfant c'est donc s'engager à inventer un nouveau mode de vie où l'on peut être parents sur le mode fraternel.

Et cette remise en cause des parents par le baptême ne serait-elle pas la façon la plus profonde de vivre pour eux-mêmes ce passage de la mort d'une forme d'existence à une vie autre, ce passage auquel ils invitent leur enfant ?

Dis-moi, pourquoi on baptise notre bébé ?

Nous avons mis notre bébé au monde. Nous croyons que Dieu est père pour tous les gens du monde, qu'il est prêt à adopter chacun comme son enfant. Nous croyons que Dieu propose à chacun de le prendre pour père. Aujourd'hui, pour Jean, nous voulons dire oui à Dieu ; oui, Dieu, nous te reconnaissons comme le père de Jean, oui, Dieu, nous souhaitons que tu adoptes Jean ; oui, Dieu, nous espérons que notre Jean te prendras comme père. Aujourd'hui, nous mettons notre bébé au monde de Dieu.

Nous avons accueilli Jean dans notre famille. Tu es devenue une grande sœur. Aujourd'hui, nous souhaitons qu'il soit accueilli dans la famille de Jésus : les chrétiens. Tu vas voir : le prêtre, puis nous, puis son parrain et sa marraine, toi aussi peut-être, nous allons tracer une croix sur son front, pour le marquer du signe des chrétiens. Le prêtre va plonger Jean dans l'eau comme Jésus a été plongé dans la mort, puis il va le ressortir de l'eau comme Jésus est ressorti vivant de son tombeau. Alors, Jean commencera sa vie de nouveau-né dans le monde de Dieu. Sa marraine lui enfilera la belle robe blanche que tu as mise aussi pour ton baptême. C'est un vêtement de fête, tout blanc, tout propre, pour commencer une vie nouvelle. Son parrain voudra sûrement le porter dans ses bras pour bien montrer que Jean n'est pas seulement notre fils à nous, ses parents qui voudrions bien le garder pour nous, mais qu'il est un enfant de Dieu. Alors, on allumera une bougie au grand cierge de l'église, celui qu'on a apporté à Pâques. Si tu veux , toi aussi tu pourras porter une bougie allumée parce que, comme tous les baptisés, tu portes la lumière de Jésus.

Voilà, Jean est tout petit mais, dans la famille des chrétiens, il compte autant qu'un grand. Quand les cloches sonneront, à tous ceux qui les entendront, même de très loin, elles diront : « Aujourd'hui est un jour joyeux. Aujourd'hui, c'est un jour de chance. » La chance d'une amitié entre Jean et Dieu. Une amitié, on ne sait pas très bien comment ça commence, ça se construit pendant des années, ça ne marche pas toujours. Pourtant nous croyons qu'une amitié avec Dieu, c'est comme une semence semée dans un champ. Que le paysan travaille à son champ ou qu'il dorme, la nuit comme le jour, la graine se fendille, des racines s'enfoncent dans le sol, des petites pousses montent sans même que ça se voie. Puis, les pousses grandissent, deviennent comme des herbes qui pourront se transformer en grands épis de blé.

Voilà ce qu'aujourd'hui nous espérons pour Jean au fil des saisons de sa vie.

XXIV

Pourquoi Farid ne connaît pas Jésus ?
Comment regarder les autres religions

Farid et Pierre rentrent de l'école. Au carrefour : une croix. Farid demande à Pierre : « Tu le connais, le monsieur cloué ? » Farid est musulman. Ce pourrait aussi bien être Jacob ou Sara, des juifs ; Xu ou Thuy, un bouddhiste ou une hindoue.

Le christianisme reste la religion la plus courante dans notre pays, mais les migrations de populations ont bouleversé les situations. L'islam est la deuxième religion en France et une union bouddhiste de France a été fondée en 1986. De nos jours, un enfant encore très jeune a de multiples occasions de rencontrer des croyants d'autres religions et aussi des gens qui ne croient pas que Dieu existe. Alors, il se demande pourquoi Farid, Thuy ou Sara ne connaissent pas

Jésus. Et s'il est relativement facile de répondre, il est plus compliqué de faire face à la cascade d'interrogations que cachait la première : Comment se fait-il que tout le monde n'ait pas les mêmes croyances ? Avons-nous raison d'être chrétiens ? Les autres se trompent-ils ?

Entre l'intolérance et l'indifférence, sur quels chemins conduire un enfant ?

Liberté, sécurité et vérité

Le propre d'un petit enfant, c'est d'être dépendant. Et sa première dépendance, c'est sa famille. Il ne l'a pas choisie, il est profondément marqué par ses manières de vivre et c'est en se soumettant à ses coutumes et habitudes qu'il vit tranquillement.

Si l'attachement d'un chrétien à Jésus Christ est fait de beaucoup de choses, le lieu et le milieu de sa naissance restent déterminants : un enfant né en France a peu de chance d'être taoïste. La majorité des croyants ont reçu leur religion avec leur sang et leur lait.

Cela peut sembler peu sérieux, voire scandaleux. Et d'ailleurs, des parents se disent : « On ne va pas l'influencer. On va le laisser libre. Il choisira plus tard. » C'est une illusion : pour pouvoir vraiment choisir une religion, il faudrait les connaître toutes « de l'intérieur » et éprouver pendant un minimum de temps ce qu'elles provoquent dans la manière de vivre.

On a une langue maternelle qui façonne notre identité même si on apprend à en parler plusieurs. Nous sommes limités, même dans le domaine religieux. La liberté religieuse, pour un petit enfant, c'est peut-être justement de trouver des lieux où rencontrer d'autres croyants et de pouvoir poser ses questions.

Faut-il craindre que, parce qu'il découvre d'autres manières de croire, sa confiance soit ébranlée ? Et quelle confiance ?

Sa confiance en nous ? La confiance d'un enfant est basée sur notre sincérité : il doit pouvoir vérifier si la foi est vraiment importante pour ses parents ou ceux qui l'y éveillent. En posant des questions sur le Dieu de Farid, il sent bien si notre foi est solide, si nous avons de bonnes raisons de croire au Dieu de Jésus Christ ou si nous ne pouvons pas faire face à ses interrogations car elles ébranlent trop nos croyances. C'est seulement dans ce cas qu'il se dira : « Alors, ils ne savent pas vraiment pourquoi ils croient en Jésus plutôt qu'en quelqu'un d'autre. On ne peut pas leur faire confiance ! »

Sa confiance en une possibilité de connaître une vérité absolue, donc de connaître Dieu ? Est-il jamais trop tôt pour découvrir que, s'il y a une vérité, on avance vers elle, n'en découvrant jamais que des bribes ?

Des affrontements du passé ?

Les juifs, bien avant les chrétiens, ont fait connaître un Dieu pour tous les peuples puisqu'il est le créateur du monde. Mais c'est une particularité du christianisme de se dire universel : les chrétiens prétendent que Jésus de Nazareth est le fils unique de Dieu et donc le « médiateur » entre Dieu et tous les hommes de tous les lieux pour tous les temps. De là l'appel des chrétiens à annoncer la nouvelle aux autres.

Les premiers siècles de notre ère ont surtout vu, en Occident, un très grand développement du christianisme dans l'empire romain, devenu, à partir de Constantin, l'empire chrétien. Et puis, il y a eu la conversion de Clovis, décisive pour la Gaule. Le Moyen Âge, ensuite, évoque les cathédrales et un prétendu « âge d'or » de la chrétienté. Mais il évoque aussi les croisades. Voici comment un chevalier anonyme décrit la prise de Jérusalem le 15 juillet 1099 : *Les nôtres pourchassaient les Sarrasins en les tuant et les sabrant. Il y eut une telle tuerie que les nôtres marchaient dans leur sang jusqu'aux chevilles. Puis, tout heureux et pleurant de joie, ils allèrent adorer le sépulcre de Notre Sauveur Jésus. La ville fut livrée au pillage et au massacre. Des juifs furent brûlés vifs et d'autres vendus comme esclaves. Chez les musulmans, il y eut peu de survivants. Les cadavres furent entassés hors de la ville. L'odeur des charniers se mêlait à celle de l'encens brûlé par les vainqueurs pour rendre grâce à Dieu.*

Ainsi les chrétiens basculèrent-ils dans la violence contre les peuples qui ne partageaient pas leur foi. Mais l'échec des croisades fit évoluer les mentalités. Plutôt que d'exterminer ceux qui croyaient autrement, mieux valait les persuader. De la croisade, on passa à la mission. Malheureusement, elle fit souvent autant démonstration de force que de foi ; même si des voix s'élevèrent contre la confusion entre conquête et évangélisation, par exemple celles d'Anton Montesinos ou

de Bartolomé de Las Casas, champions de la défense des Indiens dans l'Amérique du xviᵉ siècle :
Vous êtes tous en état de péché mortel en raison de la cruauté et de la tyrannie dont vous faites preuve à l'égard de ces peuples innocents qui vivaient tranquillement et pacifiquement dans leur pays... Ces gens-là ne sont-ils pas des hommes, n' ont-ils pas une âme, une raison ? N' êtes-vous pas obligés de les aimer comme vous-mêmes ? (Sermon de Montesinos aux colons de Saint-Domingue en 1511).

Ériger des croix et inviter les Indiens à leur donner des marques de respect, si on ne dispose pas de temps ou si on ne pratique pas leur langue, c'est une chose inutile et superflue... La seule règle qui convienne à des chrétiens d'observer quand ils se trouvent sur des territoires païens, c'est de donner le bon exemple par des œuvres vertueuses en sorte que les Indiens estiment qu'un Dieu qui a de tels adeptes ne peut être que bon et véritable (Bartolomé de Las Casas).

Peu à peu, au long des siècles, l'expérience des missionnaires amène les chrétiens d'Europe à d'autres manières de comprendre ceux qui croient différemment. Pendant longtemps, on avait surtout nié la valeur des autres croyances, sûrs qu'en dehors de la vérité chrétienne, il n'y avait que des erreurs. Autrement dit : on ne peut vraiment connaître Dieu que parce qu'il se révèle. Cette révélation est parfaite en Jésus Christ. Donc ceux qui ne sont pas chrétiens vivent forcément dans les ténèbres. Pour les sauver, il faut les convertir.

Puis, une nouvelle conception de la vérité apparaît. Les autres croyances seraient une préparation au christianisme, comme des chemins qui conduiraient vers une vérité plus complète. Autrement dit, toutes les religions ouvriraient à l'attente de la Vérité et prépareraient à la révélation de Jésus Christ. Le christianisme serait l'aboutissement et l'accomplissement des autres religions.

Depuis, bien des évolutions ont eu lieu, par exemple avec le concile Vatican II et le décret sur les religions non chrétiennes (1965) : *L'Église catholique ne rejette rien de ce qui est vrai et saint dans ces religions. Elle considère avec un respect sincère ces manières d'agir et de vivre, ces règles et ces doctrines qui apportent souvent un rayon de la Vérité qui illumine tous les hommes. Toutefois, elle est tenue d'annoncer sans cesse le Christ qui est « la voie, la vérité et la vie ».*

Et tout le monde se souvient du rassemblement d'Assise en 1986. Le pape Jean-Paul II a invité des représentants de la quasi-totalité des religions à prier en même temps et chacun à sa manière pour la paix. Voilà une image d'une relation bien différente du christianisme aux autres religions.

Alors, lorsqu'un jeune enfant chrétien d'aujourd'hui découvre que tout le monde n'a pas les mêmes croyances, il est normal qu'aussitôt il les relativise et demande si toutes les religions se valent.

Toutes les religions se valent-elles ?

Non ! Mais tous les croyants ont le sentiment de découvrir une part de vérité.

L'islam révèle le sens de l'adoration. Des religions d'Asie expriment probablement mieux que le christianisme certaines valeurs d'intériorité. Bouddhisme, taoïsme, zen développent admirablement les énergies intérieures. Inversement, judaïsme et christianisme sont irremplaçables pour montrer que les humains ne peuvent se libérer par leurs propres forces, que seul Dieu sauve et que, pour lui, chaque personne est importante.

Alors, peut-on choisir à la carte ou adhérer à un marché commun ?

Si toutes les religions ont du vrai, il y a plusieurs types de vérité :

• Il y a la vérité historique : l'histoire du fondateur de la religion, de sa vie, de ses hauts faits, qu'il s'appelle Moïse, Jésus, Mahomet ou Bouddha. Mais il ne faut pas oublier que les témoins ont interprété ce qu'ils ont vu, raconté ce qu'ils ont compris (nous avons quatre portraits de Jésus selon quatre évangiles), et que la tradition, au cours des siècles, a forcément embelli la réalité.

• Il y a la vérité pratique : comment concrètement telle religion donne du goût à la vie, entraîne à vouloir vivre et faire vivre ?

• Il y a la vérité profonde : les affirmations sur ce que nous sommes, sur la vie avant et après la mort et sur l'énergie qui fait vivre et que la plupart des religions appellent « dieu ».

Personne ne peut prouver absolument qu'une religion dit vrai. Personne ne peut prétendre avoir atteint la vérité tout entière. Il y a tant de types de vérités : vérité scientifique, vérité d'une amitié...

Les chrétiens croient que Jésus a une manière de vivre qui est unique et indépassable : « Je suis le chemin, la vérité et la vie. » Mais les chrétiens ne « connaissent » Jésus que de façon partielle. Il garde des côtés obscurs. Il reste mystérieux. Tout comme Dieu. Dieu est au-delà de tout savoir, de toute culture. L'Évangile, la Bible tout entière ne sont pas plus un ghetto pour Dieu que le temple de Jérusalem n'était sa seule « demeure parmi les hommes ». Dieu déborde toute religion.

Aussi n'est-il pas interdit d'imaginer qu'à côté de l'histoire particulière des juifs et des chrétiens avec Dieu, il pourrait y avoir une histoire générale de Dieu avec tous les êtres humains. Si les chrétiens doivent être témoins de ce qui leur a été révélé, s'ils croient en Dieu de la manière que le Fils de Dieu lui-même leur a apprise, ils ne savent pas tout ni de Jésus ni de Dieu.

L'arc-en-ciel et le ver

Dans leur foi, les juifs se disent les alliés privilégiés de Dieu.

Selon le Livre de la Genèse, Dieu dit à Abraham : *J'établirai une alliance entre moi, toi et, après toi, les générations qui descendront de toi* (chapitre 17, verset 7).

Selon le Livre de l'Exode : *Le Seigneur appela Moïse : « Tu diras ceci aux fils d'Israël : maintenant, si vous entendez ma voix et gardez mon alliance, vous serez ma part personnelle parmi tous les peuples »* (chapitre 19, verset 3).

Est-ce dire que tous les autres sont exclus du rapport au Dieu des Juifs ? Ce serait oublier l'histoire de Noé et du déluge, racontée au début de la Bible. Quand les eaux ont reflué, Noé et sa famille sortent de l'arche. Dieu s'adresse alors à eux : *Je vais établir mon alliance avec vous et avec tous les êtres vivants. Voici le signe de l'alliance que je mets entre moi, vous et tout être vivant pour toutes les générations : j'ai mis mon arc dans le ciel pour qu'il devienne un signe d'alliance entre moi et la terre. Quand je ferai apparaître des nuages sur la terre et qu'on verra l'arc-en-ciel, je me souviendrai de mon alliance entre moi, vous et tout être vivant quel qu'il soit* (Livre de la Genèse, chapitre 9, versets 13 et 14).

Beaucoup plus loin dans la Bible, on trouve l'histoire de Jonas. Dieu l'envoie à Ninive crier sa colère contre ses habitants païens. Jonas refuse. Puis, après bien des aventures, dont trois jours passés dans le ventre d'un poisson, il aboutit à Ninive. Comme les habitants changent de conduite, Dieu renonce à détruire leur ville et en informe Jonas. Mais Jonas le prend mal. Il préfère se laisser mourir plutôt que de voir le Dieu des juifs s'attendrir pour des étrangers. Alors, Dieu fait pousser une belle plante qui donne de l'ombre à Jonas. Or un énorme ver attaque la plante. Elle crève et Jonas se retrouve au soleil. Il est triste pour cette plante. Il n'avait rien fait pour elle. Elle avait poussé toute seule, mais quand même, quel dommage ! Alors Dieu dit à

Jonas : « Jonas, tu te fais du souci pour une simple plante et moi je ne m'en ferais pas pour tous les gens de Ninive qui ne savent pas trouver le chemin du bonheur ? »

Que signifient ces deux récits ?
Dans leur pays, en Canaan, et pendant leur exil à Babylone, les juifs ont été confrontés à d'autres peuples ayant d'autres religions que la leur. Ils ont donc cherché à mieux comprendre le sens de l'alliance de Dieu. En rédigeant le récit du déluge et le conte de Jonas, ils disent : notre Dieu est aussi le Dieu du monde entier. S'il nous a choisis, nous, comme son peuple, c'est comme signe de son alliance avec toute l'humanité. Et aujourd'hui encore, les juifs fidèles à la loi de Dieu sont témoins de cette alliance. Les chrétiens doivent être les premiers à les reconnaître comme tels.

En dehors de l'Église, pas de salut ?

Mais les chrétiens aussi sont les témoins de l'alliance entre Dieu et tous les peuples, l'alliance renouvelée en Jésus Christ. Et, en raison de certaines phrases d'évangile comme : « Celui qui croira et sera baptisé sera sauvé, celui qui ne croira pas sera condamné » (selon Marc, chapitre 16, verset 16), ou : « Qui croit au Fils n'est pas jugé ; qui ne croit pas est déjà jugé » (selon Jean, chapitre 3, verset 18), certains ont conclu que, pour être sauvé, il fallait être chrétien. Et ils ont compris de la même façon l'adage : « Hors de l'Église, pas de salut. »
Mais il conviendrait de savoir si « croire au Fils » signifie d'abord professer explicitement le « Je crois

en Dieu » chrétien et appartenir visiblement à l'institution chrétienne. En effet, dans la première épître de Jean, on peut lire : « Quiconque aime est né de Dieu et parvient à la connaissance de Dieu. » Autrement dit : Celui qui aime est sauvé (chapitre 4, verset 7).

Relisons donc le récit de l'Évangile selon Matthieu qu'on appelle « Le jugement dernier » (chapitre 25, versets 31 à 46) :

Quand le Fils de l'homme viendra dans sa gloire, accompagné de tous les anges, alors il siégera sur son trône de gloire. Devant lui seront rassemblées toutes les nations et il séparera les hommes les uns des autres, comme le berger sépare les brebis des chèvres. Il placera les brebis à sa droite et les chèvres à sa gauche. Alors le roi dira à ceux qui seront à sa droite : « Venez, les bénis de mon Père, recevez en partage le Royaume qui a été préparé pour vous depuis la fondation du monde. Car j'ai eu faim et vous m'avez donné à manger ; j'ai eu soif et vous m'avez donné à boire ; j'étais un étranger et vous m'avez recueilli ; nu, et vous m'avez vêtu ; malade, et vous m'avez visité ; en prison, et vous êtes venus à moi. » Alors les justes lui répondront : « Seigneur, quand nous est-il arrivé de te voir affamé et de te nourrir, assoiffé et de te donner à boire ? Quand nous est-il arrivé de te voir étranger et de te recueillir, nu et de te vêtir ? Quand nous est-il arrivé de te voir malade ou en prison, et de venir à toi ? » Et le roi leur répondra : « En vérité, je vous le déclare, chaque fois que vous l'avez fait à l'un de ces plus petits, qui sont mes frères, c'est à moi que vous l'avez fait ! » Alors il dira à ceux qui seront à sa gauche : « Allez-vous-en loin de moi, maudits, au feu éternel qui a été préparé pour le diable et pour ses anges. Car j'ai eu faim et vous ne m'avez pas donné à manger ; j'ai eu soif et vous ne m'avez pas donné à boire ; j'étais un étranger et vous ne m'avez pas recueilli ; nu, et vous ne m'avez pas vêtu ; malade et en prison, et vous ne m'avez pas visité. » Alors eux aussi répondront : « Seigneur, quand nous est-il arrivé de te voir affamé ou assoiffé, étranger ou nu, malade ou en prison, sans venir t'assister ? » Alors il leur répondra : « En vérité, je vous le déclare, chaque fois que vous ne l'avez pas fait à l'un de ces plus petits, à moi non plus vous ne l'avez pas fait. » Et ils s'en iront, ceux-ci au châtiment éternel, et les justes à la vie éternelle.

Le roi ne dit pas : « Venez les bénis de mon Père car vous êtes chrétiens ! » ; ni : « Loin de moi les maudits qui ne suivez pas la bonne religion ! » Ceux dont le roi dit du bien sont ceux qui se mettent au service des petits, des faibles, ceux qui partagent. Au lieu de dire : « Hors de l'Église, pas de salut ! », ce récit montre que le Royaume de Dieu va bien au-delà des frontières de l'Église. Le peuple de Dieu déborde largement la foule des baptisés. Le salut est offert par Dieu à tout le monde. L'Église, le peuple chrétien, est un signe repérable, visible de la proposition que fait Dieu et de son accueil par les hommes.

Une chance

Alors que répondre à un enfant qui découvre qu'un de ses copains ne connaît pas Jésus et qui se demande si

214

lui-même ne s'engage pas sur un mauvais chemin en suivant Jésus ?

• Rencontrer des gens qui pensent et croient autrement que lui est une chance. Un enfant du même âge dans la campagne indienne, chinoise ou iranienne n'a probablement pas cette occasion ni l'idée de se demander quelle est la valeur de sa religion.

• Savoir qu'il existe plusieurs religions est une chance. Car le grand nombre des religions prouve que la question de l'existence d'un Dieu est au cœur de la vie humaine à toutes les époques et partout. Où ils sont, avec ce qu'ils sont, leurs traditions, leur époque, les hommes cherchent Dieu.

• Découvrir encore petit qu'on ne peut jamais connaître toute la vérité sur Dieu est une chance.

Quand un petit enfant s'interroge sur d'autres croyances, c'est l'occasion de lui dire : « Chaque famille a des croyances et des manières de vivre qui sont aussi précieuses pour elle qu'un trésor. Quand on a un trésor, on est content d'en parler ; moi je t'ai parlé de mon trésor. C'est Jésus Christ car je crois qu'il a une façon irremplaçable de faire notre portrait et le portrait de Dieu. Mais, quand on a un trésor, on a envie aussi de connaître le trésor des autres. Et, quand on a un trésor, on comprend bien, aussi, que les autres peuvent en avoir un. »

Trois définitions

Agnostique : celui qui ne connaît pas. Celui qui pense qu'on ne peut connaître Dieu, qu'il est impossible de savoir si Dieu existe.

Athée : celui pour qui il n'y a pas de Dieu.

Syncrétisme : attitude de celui qui veut concilier toutes les conceptions religieuses en effaçant les différences.

XXV

Pourquoi Dieu ne répond pas quand je lui parle ?
La prière, école de l'écoute

« *Jusques à quand, Seigneur, m'oublieras-tu ?...*
Regarde, réponds-moi, mon Dieu ! » (Psaume 12).

« *Mon Dieu, mon Dieu, pourquoi m'as-tu abandonné ?*
Le jour j'appelle, point de réponse » (Psaume 21).

« *Écoute, Seigneur, mon cri d'appel,*
Pitié, réponds-moi » (Psaume 26).

« *Entends, ô Dieu, ma prière*
Donne-moi audience, réponds-moi ! » (Psaume 54).

« *Dieu, sors du silence !* » (Psaume 108).

« *Seigneur, au jour de l'angoisse je t'appelle*
car tu me réponds, ô mon maître » (Psaume 87).

« *Ô Seigneur, c'est le vent*
qui transporte tes messages » (Psaume 103).

« *Ils criaient vers le Seigneur dans la détresse.*
Il envoya sa parole. Il les guérit » (Psaume 106).

« *Quand mon âme jusqu'à toi clame sa misère*
tu m'écoutes comme un père et tu viens à moi »
(Psaume 115).

« *Ta parole en se découvrant illumine*
et les simples comprennent » (Psaume 117).

Toutes ces vieilles prières de la Bible montrent bien qu'il n'est pas nouveau, le désir d'entendre Dieu répondre à nos paroles, tant la parole échangée est nécessaire à toutes nos relations. D'autant plus que la parole de Dieu, c'est l'origine de tout. A la première page de la Bible, le premier récit de création dit bien : « *Lorsque Dieu commença la création du ciel et de la terre, tout était désert et vide, des ténèbres, un abîme obscur, une obscurité profonde ; et le souffle de Dieu planait sur l'abîme. Et Dieu dit : "Qu'il y ait de la lumière !" Et il y eut de la lumière.* »

Et l'Évangile selon Jean sur un mode plus difficile développe le même thème : « *D'abord, il y avait la Parole, et la Parole était chez Dieu et la Parole était Dieu. Elle était d'abord chez Dieu. C'est par elle que tout a existé et rien n'a existé sans elle... La Parole était la vraie lumière qui illumine tout homme... La Parole s'est faite homme et elle s'est abritée parmi nous et nous avons vu sa lumière...* »

Alors si la Parole est Dieu, pourquoi ce silence ? Dieu serait-il sourd ou distrait ?

• Nous sommes tous entraînés à entendre surtout ce qui fait du bruit. Pourtant, les enfants très jeunes savent bien qu'il n'y a pas que les bruits et les mots pour s'exprimer. Un enfant parle d'amour avec un dessin comme un amoureux parle avec des fleurs, un ami d'amitié avec un sourire. Un soupir dit la fatigue et le désenchantement, le rire dit la joie, les larmes le chagrin. Quand on ne trouve pas les mots, un clin d'œil est signe de connivence et un silence en dit long.
Les enfants ne se gênent pas pour parler à Dieu, pour lui raconter leurs histoires, lui confier leurs projets ou leurs peurs et lui poser des questions. Si Dieu ne répond pas avec des mots, peut-être est-ce d'abord pour interrompre le brouhaha, arrêter les bavardages. Son silence est peut-être avant tout façon de nous mettre en face de nous-mêmes pour ne pas nous envahir. Parler fait la lumière ; « en parler » à Dieu nous éclaire.
Une réponse immédiate de Dieu nous en imposerait tant qu'elle ferait obstruction. Finie la liberté ! Si Dieu avait réponse à tout, il n'y aurait plus qu'à le suivre les yeux fermés... et nous ne serions plus, pour lui, des répondants, des responsables. Ainsi Dieu répond par son silence.

• Dieu répond aussi par les « Écritures », les livres de la Bible. Ces mots transmis de bouches à oreilles depuis de longues générations, écrits bout à bout, devraient être lettres mortes. Et voilà qu'en lisant l'histoire de Zachée, ce petit bonhomme obligé de grimper sur un arbre pour apercevoir Jésus malgré la foule, un enfant projette son expérience dans ce qui est écrit, les mots se mettent à lui parler. Un autre se met dans la peau de David face à Goliath, un troisième retrouve sa vie de famille dans la rivalité entre Jacob et Esaü, un quatrième revit sa peur de l'eau dans l'angoisse des apôtres ballottés par la tempête sur le lac de Tibériade et entend comme eux la question de Jésus : « Pourquoi êtes-vous si peureux, vous n'avez pas confiance en moi ? »

Sous les yeux d'un lecteur bien vivant, aux oreilles d'un enfant curieux, les mots alignés par des hommes laissent entendre la Parole de Dieu comme une réponse qui parle au cœur.

Dieu ne prend pas la parole parce qu'il nous la donne. Il nous la confie non pas comme un secret qu'il faudrait taire et garder précieusement mais comme une semence à semer à tous vents : il arrive qu'elle s'envole, qu'elle soit piétinée, qu'elle se perde sur des chemins trop cailloux, qu'elle soit étouffée par des soucis comme par des ronces. La parole est le propre des êtres humains. Dieu a besoin de bouches pour parler, celles des prophètes, celles des saints, et nos bouches de gens ordinaires.

Ainsi Dieu ne cesse pas d'adresser des appels et de répondre. Dieu ne cesse pas d'avoir quelque chose à nous dire. S'il n'est pas bavard, il a bien des façons de se faire entendre. D'abord, Dieu fait ce qu'il dit. Quand il parle, il crée. Autrement dit, toute la création est réponse de Dieu ; tout ce qui vit, tout ce qui naît dans les relations entre les hommes est parole de Dieu, réponse à nos paroles. Et puis, comme pour mieux s'adapter à nos incompréhensions et à nos surdités, devant l'insuccès, Dieu donne un visage à sa Parole et c'est Jésus. Jésus qui invite tous les hommes à entendre Dieu, leur répète ses paroles, les leur traduit, les leur déchiffre, les leur révèle. Jésus est la meilleure façon qu'a Dieu de se faire entendre, la plus vraie Parole de Dieu.

Alors, pourquoi toujours cette impression que Dieu ne répond pas ? Peut-être refusons-nous ce qui vient à nos oreilles, tant les réponses de Dieu sont loin de ce que nous attendions. Peut-être ne pouvons-nous entendre, tant c'est déconcertant. Entendre une réponse, c'est l'accueillir, comme on fait l'hospitalité à quelqu'un d'étranger. Mais le langage de Dieu est si étrange qu'on a du mal à l'entendre. Dieu est si inattendu, si inédit qu'il en est inouï !

Comme un enfant qui n'apprend à parler qu'en entendant parler autour de lui, peut-être n'apprend-on à entendre Dieu qu'en entendant d'autres nous en parler. Cela se fait lentement, peut-être faut-il toute une vie pour ne pas prendre ses désirs pour des réalités et reconnaître le désir qu'a Dieu d'être entendu.

Il nous manque, l'accent galiléen de Jésus, il nous fait défaut, le son de la voix de Dieu, qu'on soit enfant ou qu'on soit grand. Mais rien ne sert de rester à regarder le ciel comme si des réponses à toutes nos questions allaient nous tomber du ciel. Dieu ne parle pas en l'air. Il n'a qu'une Parole et il nous l'a donnée.

TABLE DES MATIÈRES

Achevé d'imprimer le 11 Octobre 1991
dans les ateliers de Normandie Roto S.A.
à Lonrai (Orne)

N° d'éditeur : 1007
N° d'imprimeur : R1-1041
Dépôt légal : octobre 1991

Imprimé en France